クリスマス小品集

みちびきの星

及川 信

YOBEL,Inc.

装幀　ロゴスデザイン：長尾 優

みちびきの星

目次

クリスマス小品集　みちびきの星

目　次

イエスをたすけたクモ　7
乳香の木　21
みちびきの星　35
パン焼きのマルコ　49
ひつじの子もり歌　61
黄　金　85

わかき日のトマス 119
闇のなかの小さな光　山崎佳代子 159
あとがき 169
著者・解説者・画家　略歴

挿絵　白石孝子

イエスをたすけたクモ

「さがせ、さがしだせ。そして　ころせ」
冬《ふゆ》の　さむい夜《よる》、凍《こお》りついたような　命令《めいれい》が、兵士《へいし》たちに　告《つ》げられました。
ヘロデ王が　つかわした　兵士たちが、なん日《にち》かまえに　お生《う》まれになった　神《かみ》の子《こ》イエスを、殺害《さつがい》するために　さがしています。
こな雪《ゆき》のまう　さむい朝《あさ》、ヘロデ王は　大《おお》きな声《こえ》で　言《い》いました。
「ユダヤの王《おう》、世界《せかい》の救《すく》い主《ぬし》といわれている　赤《あか》ちゃんを　見《み》つけだしたものには、金《かね》をあたえる。生《い》きたまま見つけたものには　金貨《きんか》一〇〇まい、死体《したい》をもってきたものには銀貨《ぎんか》五〇まい」
しかし　よろこんだ兵士たちが、でかけるまえになって、ヘロデ王は　金貨がもったいなくなり、こう言《い》いかえました。
「ベツレヘム　周辺《しゅうへん》の　二歳《さい》いかの　男《おとこ》の子《こ》を　みなごろしにせよ。すべての兵士に銀貨一枚を　あたえよう」
朝から　はじまった　ちいさな男の子の　殺害は、国王《こくおう》の　あまりの　ケチにおこっ

た　兵士たちの　くちびるが　青《あお》くなった　さむい　夜《よ》なかまで、つづきました。
その日《ひ》　ころされた　数千人《すうせんにん》の　子どもが　天使《てんし》から　光《ひかり》の冠《かんむり》を　うけました。
そうです。子どもたちは　天国《てんごく》に　召《め》されたのです。

一

聖《せい》なる家族《かぞく》は、一頭《とう》のろばに、母《はは》マリアと　赤ちゃん　イエスをのせ、庇護者《ひごしゃ》ヨセフのみちびきで、けん命《めい》に　逃《に》げていました。
生まれたばかりの　赤ちゃんには、冬の夜の　はだに　ささるような　冷《つめ》たさが、とても　つらいものでした。
ほんの　数日前《すうじつまえ》には、寒《さむ》いながらも、こころ　あたたまる　よろこびがありました。
神の子イエスのお生まれ、東《ひがし》からやってきた　三人の博士《はかせ》と　プレゼント、ひつじかいの祝福《しゅくふく》。

あたたかな光《ひかり》につつまれた、しあわせな　ときを、ろばは、洞窟《どうくつ》のような馬小屋《うまごや》のなかで、ほかのウマやウシ、ひつじと　いっしょに　たいけんました。

そのあと、　死《し》の危険《きけん》が　おそいかかって　くることを　ヨセフは　天使から　告《つ》げられました。

まっ白《しろ》な　光《ひかり》の　ころもを　まとった　天使《てんし》　ガブリエルが　言《い》いました。

「ヨセフよ、マリアと　救《すく》い主《ぬし》である　赤ちゃん　イエスをつれて、神さまの　用意《ようい》されたた　ろばにのり　エジプトへ　逃《に》げなさい」

天使は　さらに　言いました。

「この赤ちゃん　イエスは、全世界《ぜんせかい》を　すくわれるお方です。人《ひと》びとに　いやしを　あたえ、新《あら》たなる　いのちを　めぐみ、復活《ふっかつ》を　もたらし　天国《てんごく》の　門《もん》を　ひらきます。さあ　ろばに　マリアさまと　赤ちゃんを　のせて　出発《しゅっぱつ》しなさい。いそぐのです」

みんなが　どんなに　いそいで　逃《に》げても、兵士が　追《お》いかけてきます。
ろばと　ひとは　とても　つかれていました。
でもヨセフ、マリア、そして　ろばの心《こころ》は、ひとつです。
「この赤ちゃんを　まもりたい」

ふと見《み》ると　道《みち》の　まがり角《かど》に、おとな　三人《さんにん》でも　だきかかえることが　できないほどの、大きな　イチジクの木《き》が　はえていました。

星《ほし》あかりに　すかしてみると、三人が　すっぽり　入《はい》るくらいの　大きなあなが、イチジクの木《き》に　ぽっかり　あいていました。

やすむにしても、外《そと》は　さむすぎました。

ヨセフは、イチジクの　木のあなに　母と　子と　ろばを　入《い》れ、しっかり　両腕《りょううで》で、母と　子を　だいて　あたためました。

けれども、ときおり　あなのなかへ　凍《こお》りかけた　ツララのような　風《かぜ》が　つきさ

すように　はいっています。

二

このイチジクの木の　あなの中《なか》には、冬《ふゆ》ごもりをしていた　一ぴきの　クモが　すんでいました。

クモは、人と　ろばの　ぬくもりと　息《いき》づかいから、目《め》を　さましました。

クモは、ねぼけた声《こえ》で　ろばに　言いました。

「さむいんだろう。ずいぶん　ふるえているじゃないか」

「それだけじゃないさ。わたしたちは、ヘロデ王の　兵士に　追われているんだ」

「なんで、また……」

「父《ちち》の名《な》まえは　ヨセフ、母は　マリア、……。赤ちゃんの名《な》まえは　イエス……　きみだって　知《し》っているだろう。神の子、救い主が　お生まれになったことは」

クモは、おどろいて　糸を　ふきつけると、ポロンと　下《した》へおちて、糸《いと》につかまったまま、プラプラしました。

「この赤ちゃんが――。　ああっ。　なんてすてきなんだ。　わたしのちいさな心臓《しんぞう》も、糸をたくわえたおなかも、よろこびで、　はちきれそうだ。……神の子、赤ちゃん、あたらしい　生命《いのち》。おめでとうございます」

つぎの瞬間《しゅんかん》、クモは、ひきしまった　きびしい声で　言いました。

「ヘロデ王の　兵士に　追われていると言ったね。ここじゃ、すぐに、見つかってしまうぞ」

「……。わたしたちは、　もうくたくただ。それに　マリアさまと　イエスさまが、　外では　こごえてしまう」

クモはうなずきました。

「ユダの　荒《あ》れ野《の》に　吹《ふ》く　北風《きたかぜ》は、　わたり鳥《どり》さえ　こわがるものね」

クモは　くびを　すくめると、　あなの　入り口から　外を　見ました。とおくには、ろうそくの火のように　チラチラ、兵士がもつ　たいまつの火が　ゆれています。
クモには　追いかけてくる　兵士は　どうしようもありません。でも……。
クモは　すごい　はやさで、あなの入り口まで　つたわっていくと、糸《いと》をふきつけ、巣《す》をかけはじめました。
「ありったけの　糸を　はってみよう、わたしからの　心《こころ》ばかりの　プレゼントさ」
一ぽん、五ほん、一〇ぽん……。タテヨコに　はりめぐらされた　雪《ゆき》のようにまっ白《しろ》な糸《いと》が、つよい寒風《かんぷう》にあおられ　たわんでいました。
クモが　体《からだ》じゅうの　糸をふきつけても　めのあらいの巣を　かけるのが　せいいっぱいです。ろばには、聖なる家族、ことに　赤ちゃんを　冬の寒さから　まもろうとする　クモの心《こころ》が　うれしかったのです。
このエピソードから　クリスマスツリーに　白《しろ》い綿《わた》や糸玉《いとたま》を　かざるようになったと伝えられています。

三

フラフラになった　クモが、おしまいの糸を　つむぎおわったころ、兵士たちがやってきました。

隊長《たいちょう》は、それぞれの兵士に　命令をあたえると、のこった　ひとりの　わかい兵士に　命《めい》じました。

「おまえは、あのイチジクの木を　しらべてこい」

「はっ？」

「見えんのか。大きな木のあなが　あるだろう。もしかしたら　あそこに　かくれているかもしれない」

わかい兵士は、めんどくさそうに　もたもた　あるいていくと、たいまつを　かざしました。ぼんやりした火《ひ》が、木のあなを　ぼおっと　てらしました。

赤ちゃんの　ひそかな息だけが、ゆっくり、静《しず》かに　ときを　きざんでいました。

「隊長、このイチジクの木には、だれも　入ることが　できません」

「なんだって」

「見てください。　だれかが　入ったのなら、　こんなに　クモの巣が　かかっているわけが　ありません」

　隊長は、イチジクの木に　近づき、木のあなの　クモの巣を　たしかめてから　うなずくと、その兵士に、ほかのところを　さがすよう　言いました。

　わかい兵士は、じいっと　イチジクの木を　みつめたあと、こんどは　元気《げんき》よく　走《はし》りさっていきました。


―――


　霜柱《しもばしら》が、ピシピシ　地面《じめん》を　もりあげました。白《しろ》い朝陽《あさひ》が、いつのまにか　ねむってしまっていた　聖なる家族と、ろばと　クモを　照《て》らしました。

　クモは　ろばに　言いました。

「どこへ　行《い》くんだい」

「エジプトへ」
クモは、スルスルと　冬ごもりをしていた　木のあなの　おくへ　もぐりこみました。
「たのんだぞ」
糸のような　ほそい声が　きこえてきました。
ろばは　クモに　「ありがとう」　と言いました。
聖なる家族と　ろばが、イチジクのあなから　外へでると、クモの巣が　まくれてはがれ、みんなのかお、あたま、からだに　はりつきました。
ヨセフも　マリアも、このふしぎな糸を、ふりはらおうともしません。
とくに　ろばの　はなづらには、クモの糸が　どっさり　からみついていました。
ヨセフも　マリアも、赤ちゃんも、そして　ろばも、おたがいに　かおを　見かわして、ニッコリ　わらいました。
南《みなみ》へと　むかう道を　あゆみ、こ高《だか》い丘《おか》に　さしかかりました。
ヨセフは　ろばを　とめると、とおくにかすむ　イチジクの木を　見ました。

かれ葉《は》が　なんまいか、まきついただけの　寒そうな　イチジクの木の　えだから、
はらはら　おちる　白いこな雪が、冬の朝陽を　浴び、ダイアモンドダストのように
キラキラ　光っていました。
ろばは、ヘロデ王の　兵士に　きこえないよう、　イチジクの木と　クモに、ちいさな
声で「さようなら」と　言いました。
「ボヒィーン」と。

乳香《にゅうこう》の木《き》

一本《いっぽん》の木《き》が、荒《あ》れ地《ち》の　丘《おか》に　生《は》えていました。

芽《め》生《ば》え　成長《せいちょう》し、すこやかに　木は　おおきく　高《たか》くなっていきました。

気《き》がついたときには、じぶんだけ、一本が　空《そら》に　向《む》かい、丘の上《うえ》に　立《た》っていました。

おとうさんは、おかあさんは、兄弟《きょうだい》、姉妹《しまい》は、ともだちは、どこにいるのでしょう。

ひとり　ぽつんと　立って　生きているのは、さびしいことでしたが、しかたのないことと　感《かん》じていました。

一

春《はる》。

まだ幼《おさな》い木の枝《えだ》に、仲《なか》のよい　夫婦《つがい》の小鳥《ことり》が　巣《す》をかけました。

やがて、「ぴー　ぴー」、ひなの鳴《な》く声《こえ》が　きこえてきました。

親どりは、エサを　ひなに、はこび　あたえました。

ひと月《つき》もすると、ひなは　羽《はね》が　はえそろい、巣のふちに立って　親を呼《よ》びました。

「もっと、もっと、おなかが　へったよ、お食事《しょくじ》を　ちょうだい」

三月《みつき》もすると、からだが　親とかわらぬくらい　おおきくなりました。

すると　ふしぎなことに、親どりの　すがたが　消《き》えました。

そうです。

巣だちの日《ひ》が　きたのです。

ひなは、呼んでも　鳴いても　親どりが　もどってこないことを　さとると、勇気《ゆうき》をだして　羽を　ひろげました。

風《かぜ》がひなをのせて、旅《たび》だたせました。

ひなは、つぎの年《とし》、おとなになると、夫婦になって、丘の上の木に　帰《かえ》ってきました。

木は、
「おかえりなさい」
といい、ふたたび、子どもを　そだてる日々《ひび》を　見まもりました。
神さまは、めばえる　いのちを　はぐくみつづけます。
春。
神さまの　そだてる　愛情《あいじょう》のふかさを　知《し》る　季節《きせつ》でした。

二

夏《なつ》。
木のまわりに　緑《あお》くさが、一面《いちめん》に　しげります。
草《くさ》の息《いき》が　もわもわ　たちこめ、そのにおいに　さそわれて、　ひつじかいが、ひつじのむれを　つれてきました。

乳香の木

「メェー　メェー」

親ひつじが　子ひつじを　呼びます。

ひつじかいは、ひつじのむれに
「ほーい　ほーい」

声をかけます。

その声のいみを　牧羊犬《ぼくようけん》が　理解《りかい》　します。

「ここの　くさは　おいしいよ。だから　はなれちゃ　だめだ。　オオカミがやってくるよ。迷子《まいご》にならないようにネ」

なんびきもの牧羊犬が、　ひつじをあつめ、　迷子にならないよう、走《はし》りまわっています。

夏の夜《よる》、月と　星《ほし》がきらめきます。月照《げっしょう》につつまれた　ながれゆく　雪《ゆき》のように白《しろ》い雲《くも》が　大地《だいち》をあたたかく　抱擁《ほうよう》します。

ひつじかいと　牧羊犬を　つつむように、ひつじの　寝《ね》ている　すがたを　天の星が、しずかに見ています。
ひつじかいが、土笛《つちぶえ》を　さやかにかなでると、ひつじも　犬《いぬ》も　手足《てあし》を　のばし、こ
こちよさそうに、ねいっています。
やすらかなねむりを、木は見ました。
神さまは、みんなを　見まもります。虫《むし》の音《ね》が　子《こ》もり歌《うた》になりました。
夏の夜。
平安《へいあん》を、神さまの恵《めぐ》む　静寂《せいじゃく》を　木は　知りました。

三

秋《あき》。
どれほどの　かずの旅《たび》びとが、木を　見ながら　あるき　わたっていくことでしょう。
親子づれ、お年《とし》よりの夫婦《ふうふ》、らくだや　ろばに　荷《に》をのせた隊商《たいしょう》、いろいろなひとが

いろいろな　思《おも》い出《で》を抱《いだ》いて　旅《たび》をしています。

　こかげにやどり、つよい　陽《ひ》ざしをさけるひと、木のねもとによりそって、きつい風《かぜ》を　やりすごすひと、つかれてしまい　木に　よりかかって　眠《ねむ》ってしまうひと。

　木は　いろいろな旅びとを　見ました。

　あるとき、ひとりの旅びとが、とおりかかり、木のそばに立って、言いました。

「ああ、なんということだろう。七十年《ねん》まえ、わたしは　この花《はな》を見た」

　木は　おぼえていました。

　そうです。

　旅びとは、おとうさん、おかあさんに　つれられ、丘にさしかかり、あたり一面《いちめん》に咲《さ》く、うつくしい真珠《しんじゅ》のように　かがやく　白《しろ》い花を見ました。

「七十年にいちど、咲く花。神さまは、奇蹟《きせき》を　わたしに　見せてくださった」

　おとうさん、おかあさんの思《おも》い出《で》、これまでの人生《じんせい》の　たのしさ、うれしさ、つらさ、くるしみ、悲《かな》しみ　そして　生《い》きる喜《よろこ》び　と　感動《かんどう》。

旅びとは、木にすがりつくと、草《くさ》はらを　ぼたん雪《ゆき》のように　染《そ》める　可憐《かれん》な　白い花を　見ながら、はげしく　泣《な》きました。

それから　立ちあがり、涙《なみだ》をぬぐい　背《せ》をのばし　前《まえ》をむいて　あゆみだしました。

秋《あき》。

木は、記憶《きおく》と涙、そして　生《い》きる勇気《ゆうき》と　希望《きぼう》を、知りました。

四

冬《ふゆ》。
記憶が　はっきり　思い出せるようになってから、どれほどの季節が　くりかえされ、木は　歳《とし》を　とったのでしょう。
幹《みき》が　ひびわれ、枝が　ぽきぽき　おれ、根《ね》も　よわってきました。
「神さま、わたしは、なにもしないうちに歳をとり、だれの役《やく》にも　たちませんでした。

わたしの一生《いっしょう》は、なんのためだったのでしょうか。このまま死《し》んでいく　自分《じぶん》が悲しいのです」

きょうの朝陽《あさひ》も、青空《あおぞら》も、きらめく星も　かわらずに、いつものように　木を　なごませてくれます。

でも神さまは、なにも返事《へんじ》をして　くださいません。

木は、孤独《こどく》なこころをかかえ、老いたからだをふるわせ、木枯《こが》らしのなか、寂寞《せきばく》の思《おも》いを　かみしめました。

冬。

さみしい季節、凍《い》てつく風が、とし老いた　木の希望を　うちくだこうとしています。

――

ところが　ある日。

五

白い満月《まんげつ》の　かがやく夜、月よりも、さらにまぶしい　ひとつの　おおきな星が、　木の頭上《ずじょう》に　たかくのぼり　ひときわ　きれいに　またたきました。

星の光《ひかり》をもとめ　旅をしている、　三人《さんにん》の博士《はかせ》が　さけびます。

「あの木、あの木だ」

三人の博士は、らくだや馬から下《お》り、　たずなをひき　はしって、　木に　ちかよりました。

「そうだよ、この木でなくては　いけないのだ」

三人は　ひざまずき　両《りょう》うでを高《たか》くさしあげ　天を仰《あお》ぎ　祈《いの》ります。

神さまへ　感謝《かんしゃ》と　讃美《さんび》を　ささげます。

老木《ろうぼく》を見あげた　三人の博士は、　ちいさなナイフを　木の幹に　そおっと　さしました。

木のからだに、ふしぎな痛《いた》みがはしりました。

かなしい　痛みと　あたたかな　ぬくもりでした。

木は　神さまに、ささげものをしました。

「この香《かお》り、かぐわしさ、これこそ祈りの　みなもとだ」

三人の博士は、星明《ほしあ》かりに　照《て》らされながら、ふかく　うなずきました。

「この乳香《にゅうこう》こそ、生《う》まれくる、神《かみ》の子《こ》の　誕生《たんじょう》の　贈《おく》りものに、ふさわしい」

木は、神の子の誕生に、みずからをささげることになりました。

木は、神さまに祈りました。

「わたしはようやく、じぶんに　できることを知《し》りました。わたしのからだと　こころを、あなたにささげます。すべてのひと、すべての生《い》き物《もの》を　救《すく》う　神の子よ、どうか　わたしの　ささやかな贈りものを　うけいれてください。わたしは　すべてを　ささげます」

冬の寒い夜、木は、じぶんのからだを、暖《だん》をとる　たきぎとして燃《も》やし、三人の博士と　らくだや馬　ろばを　あたためました。

冬。

からだのなかから　乳香を贈り　木は、身《み》をささげる幸《しあわ》せを　かみしめました。

冬のある夜。

木から　乳香を贈られた　三人の博士は、星にみちびかれ　ユダヤの　ベツレヘムへたどりつきました。

洞窟《どうくつ》のような馬小屋《うまごや》で、救《すく》い主《ぬし》である神の子が、かいばぶねに　寝《ね》かされていました。

神《かみ》の母《はは》マリア、庇護者《ひごしゃ》ヨセフが、ほほえんでいます。

博士のひとりは、香炉《こうろ》をとりだすと、炭《すみ》に火《ひ》を点《つ》け、乳香を　かおらせました。

うす桃《もも》いろの、かすみのような　香りの雲が、馬小屋のなかを　ゆったり　ながれています。

神さまの　愛《あい》が　満《み》ちています。
木は　身をつくす　祈りの　こころを　知りました。

冬の早暁《そうぎょう》。
木は　乳香のかおりとなって、救い主の　誕生を　祝《いわ》いました。
人びとを　祈りへとみちびく　貴《とうと》い使命《しめい》を　知りました。
そして　復活《ふっかつ》の希望《きぼう》を　乳香の木は　祈りのなかに　信《しん》じました。

みちびきの星《ほし》

父《ちち》なる神《かみ》は
「光《ひかり》あれ」

と言《い》いました。

お陽《ひ》さまはじめ、かず知《し》れない星《ほし》が　創造《そうぞう》され、生《う》まれました。

天地創造《てんちそうぞう》を　手伝《てつだ》う　天使《てんし》が、ひとつの星に、聖《せい》なる仕事《しごと》を　あたえました。

天使《てんし》は、こう言《い》いました。

「神さまの命《めい》ずるままに、光を放《はな》ちなさい」

「どういう光ですか」

星がたずねました。

「神さまが　あなたに　神秘《しんぴ》の光をあたえます。おまちなさい」

一

年月《としつき》がながれました。

地《ち》は　悪《あく》に　満《み》ちました。

わるい人《ひと》は、どんなに　ひどいことをしても、まったく反省《はんせい》しないのです。

星は、地上《ちじょう》を照《て》らすのが　つらくなりました。

天使は言いました。

「すこし、あなたの仕事は　おやすみです。　神さまが　地《ち》の人びとに　罰《ばつ》をあたえます」

地上《ちじょう》では地震《じしん》がおこり、火山《かざん》が噴火《ふんか》し、津波《つなみ》がまきあがり、まっ黒《くろ》なぶあつい雲《くも》が　空《そら》を　おおいつくしました。

四十日《しじゅうにち》　四十夜《しじゅうや》、雨《あめ》が降《ふ》りそそぎ、洪水《こうずい》が　すべてを　のみこみました。

神さまに命ぜられた　天使が飛翔《ひしょう》し　天《あま》かけると、　たれこめていた　黒い雲《くも》がすこ

しづつ　消《き》えていきました。
お陽さまの　あかるく　照《て》らす　昼間《ひるま》と、　月《つき》と星《ほし》の　かがやく夜《よる》が、　ようやく　もどりました。
天使は言いました。
「さあ、あなたの仕事です。海《うみ》をわたる　箱舟《はこぶね》を　照《て》らしなさい」
星は、鏡《かがみ》のように　おだやかになった　波《なみ》のなかをすすむ、義人《ぎじん》ノアのつくった　大《おお》きな　箱舟をみつけると、うれしくなって　やわらかな　光で　照らしました。
天使は　さらに　こう命じました。
「もっと光を　つよく　しなさい。　ノアと　ノアの家族《かぞく》、　箱舟にのっている　動物《どうぶつ》たちを　救《すく》いましょう。アララト山《さん》まで　みちびくのです」
星はますます　うれしくなって　ダイアモンドのような　きれいな光で　箱舟を　アララト山へ　みちびきました。
山《やま》に　たどりついた箱舟から、ノアと　ノアの家族、動物たちが地上におりて、神さ

まに　祈りはじめるのを　星は　見ました。
もう夜が明《あ》けていて、お陽《ひ》さまがひかっていましたが、星は　よろこびの光を　とおい宇宙《うちゅう》のはてから　おくりました。
その光は　七色《なないろ》の虹《にじ》になって、青い空を　いろどりました。
星の光のかけた虹は　神さまと　ひと　動植物《どうしょくぶつ》との　平和《へいわ》の約束《やくそく》を　かたどっていました。
ノアたちは　虹のかけはしを　あおいで　いつまでも　祈っていました。

二

年月がながれました。
地は　悪に　満ちました。
とくに　ソドム　と　ゴモラ　の町《まち》は、わるい人で　あふれていました。

星は、地上を照らすのが　くるしくなりました。
旅《たび》びとの　身《み》なりをした三人の天使が、正《ただ》しいひと　義人《ぎじん》アブラハムに　告《つ》げていました。
「ソドムとゴモラの町は　悪に満ちている。だれひとり　反省しないのだ。ほろぼすほかない」
「ああ、神さま、もしかしたら　十人《じゅうにん》の　神さまにしたがう　正《ただ》しいひとが　いるかもしれません。ほろぼすと　おっしゃらないでください」
三人の天使は　こたえました。
「十人の　正しいひとがいたら　ほろぼさないであろう」
アブラハムの　うれしそうな顔《かお》を　星のやさしい　光が　つつみました。
ところが　三人の天使が　ふたつの町へ行ってみると、ロトの家族のほかには　正しいひとが　いませんでした。
三人の天使は　なげきました。

「ロトの家族をたすけだし、町をほろぼすしかない」
星は　天使のことばをきいて　はげしく落《お》ちこみました。
天使が、こう言ったからです。
「さあ　星よ、炎《ほのお》の光を　はなつのだ。あの　ふたつの町を　焼《や》きつくし　ほろぼそう」
星は　かなしくなりましたが、神さまのちから、炎の光を　はなちました。
見ると、はるかとおくの丘《おか》から、アブラハムが　ひざからくずおれて　ほろびゆく
燃《も》える町を　見つめていました。
アブラハムは　はげしく泣きながら　祈っています。
星は　アブラハムといっしょに　涙《なみだ》をこぼしました。
星の涙は　夜《よ》ぞらいっぱい　降《ふ》りそそぐ　ながれ星《ぼし》、光《ひかり》の雨《あめ》　流星《りゅうせい》となり　藍色《あいいろ》の深《しん》
夜《や》を　いろどりました。

三

年月が　ながれました。
地は　悪に　満ちました。
ユダとイスラエルの統一王国《とういつおうこく》に　ダビデという　王《おう》さまがいました。
ダビデは　わかいときから　神《かみ》さまを愛《あい》し、国民《こくみん》をただしく　みちびきました。
星は、ダビデが　草原《そうげん》や牧場《まきば》で　たて琴《ごと》を奏《かな》でて歌《うた》うとき、いつもトパーズのようなすみきった光を　はなっていました。
星は　ダビデの　たて琴の演奏《えんそう》と　バリトンの　しずかな歌声《うたごえ》が　大《だい》すきでした。
しかし　ダビデは、冠《かんむり》をかぶり　王座《おうざ》に着座《ちゃくざ》し　人びとにかしずかれ　えらくなるにつれ、どんどん　欲《よく》がふかくなりました。
あるとき、ウリヤという　じぶんの部下《ぶか》を　死《し》に追《お》いやり、ウリヤのきれいな奥《おく》さ

んを　うばってしまいました。
神さまは　とても　怒《おこ》りました。
かわいそうに　きれいな奥《おく》さんから生《う》まれた　ダビデの赤《あか》ちゃんは　病気《びょうき》で死《し》んでしまいました。
ダビデは　じぶんの　罪《つみ》ぶかさに　身《み》も心《こころ》も　ふるえ　絶望《ぜつぼう》して　星を見あげました。
天使が言いました。
「あの　ゆりかごを　照らしなさい。かみさまが　赤ちゃんを　召《め》されます」
こんなに悲《かな》しく　つらい　光は　ありません。
星は　赤ちゃんを　天国へうけいれる　光のかいだんを　つくりました。
天使たちが　星の光のなか、赤ちゃんを　天国に　抱《だ》いてつれていきました。
星は、
「二度《にど》と　赤《あか》ちゃんの死《し》を　照らす光を　はなちたくない」
と　こころのうちに　さけびました。

父《ちち》であるダビデは、ひと晩《ばん》じゅう、星の光に照らされながら、祈りました。
人びとは、星を「ダビデの星」と　呼ぶように　なりました。
星は　ダビデの子孫《しそん》から　すべてのひとを救《すく》う　神《かみ》の子《こ》　救《すく》い主《ぬし》の生《う》まれることを天使から　おしえられ、ほっとしました。
でも　なくなった赤ちゃんを　思《おも》い出《だ》すたびに、涙《なみだ》をひとつ　こぼしました。
涙《なみだ》は　宇宙《うちゅう》を　さまよう　まっかな　遊星《ゆうせい》に　なりました。

四

年月がながれました。
地は　悪に　満ちました。
でも　神さまは　人を救うために　救い主を　つかわされる決意《けつい》を　かためました。
天使は言いました。

「星よ。救い主が　この地上に　お生まれになる。ついに　みんなが　待《ま》ち望《のぞ》んでいる赤ちゃんが誕生されるのだ。その手助《てだす》けをしよう」

星は　とっても　うれしくなり、かがやきを　ましました。

「旅をしている三人《さんにん》の博士《はかせ》を　みちびくのだ」

星《ほし》は　いそがしく　なりました。

世界各地《せかいかくち》を　ばらばらに　それぞれの道《みち》を　旅していた博士を　ひとつに合流《ごうりゅう》させるため、星は　光で　みちびきました。

神《かみ》の母《はは》マリア、庇護者《ひごしゃ》ヨセフ　そして　マリアさまをのせている　ろばを　星は　べツレヘムの町へと　みちびきました。

ところが　とまる　宿《やど》がありません。

星は　洞窟《どうくつ》のような馬小屋《うまごや》に　みちびきました。

そこは　なかが　すごく暗《くら》かったので　星が光で　満たしました。

救い主である神の子は、星の光のなか　お生まれになり　かいばぶねに　寝《ね》かされました。


ようやく三人の博士は、星にみちびかれて、馬小屋を見つけました。

なんというよろこび、ことばに　ならないくらいの　うれしさ。

星は、天地創造《てんちそうぞう》のとき、神さまのおっしゃった、

「光あれ」

とおなじ色　おなじ光のつよさで　馬小屋を照らしました。

三人の博士は　神の子にあうために　じゅんびした服をまとい　みずくろいをし、ふおっ　深呼吸《しんこきゅう》をすると、馬小屋へむかいました。

星は　歓喜《かんき》に　みちあふれました。

「ひとをほろぼす　光《ひかり》を　はなたなくて　いいのですね。ひとをほろぼす　あっつい炎《ほのお》や　つめたい氷《こおり》の光でなくても　いいのですね」

天使は言いました。
「あたたかで　ほのかな　いのちをそだてる　光を　はなつのだ」
星は　とうとう　じぶんのなすべき　聖《せい》なる仕事《しごと》を　することができます。
「ひとを生《う》み　ひとを生《い》かす　光をはなちます。ごらんください、神さま」
月も　ほかの星も　救い主のおられるところを　ほそいまっ白《しろ》な　絹糸《きぬいと》のような　光で　しめやかに　照らしています。
かさなり　むすびあって　うずとなり、　あおい銀河《ぎんが》となって　神《かみ》の国《くに》から　地球《ちきゅう》へ
大地《だいち》へと　ゆったり　光は　ながれてゆきました。
それは　まさに　希望《きぼう》の光、星の使命《しめい》である　復活《ふっかつ》の光でした。

パン焼《や》きのマルコ

ベツレヘムの町《まち》に　暮《く》らしている　マルコは　ひとりでした。
いいえ、母方《ははかた》のおじいさんと　おばあさんがいました。
ちいさな家庭《かてい》、なかよし三人家族《さんにんかぞく》。
朝《あさ》な、夕《ゆう》な、食事《しょくじ》のときも　ねるまえも、三人は　神《かみ》さまに　お祈《いの》りをしました。

一

おじいさんは　孫《まご》のマルコに　一《いち》けんの　ちいさな小屋《こや》を　贈《おく》りました。
パン焼《や》き小屋です。
少年《しょうねん》マルコは　どうしても　美味《おい》しいパンを　焼《や》きたかったのです。
おじいさんは　言《い》いました。
「いつか　きっと　おいしいパンを　食《た》べさせておくれ」
おばあさんは　やさしい　やわらかな　まなざしで　おじいさんと　マルコを　見《み》て

いました。
「おじいさん、手伝《てつだ》っておあげなさいな。マルコの夢《ゆめ》を　かなえる　お手伝《てつだ》いをしてあげてくださいな」
おばあさんが　おじいさんの　うでを　さりげなく　なでて、おねがいしました。
おじいさんは、パン焼《や》きがまを　つくるための　熱《ねつ》につよい　石《いし》や　レンガを　あつめたり、大麦粉《おおむぎこ》ばかりではなく　上質の小麦粉《こむぎこ》を　もとめました。
パン焼きには　おいしい水《みず》も　欠《か》かせません。
ふたりは　ちかくの山《やま》から　清水《しみず》をひく　水路《すいろ》をつくりました。
おじいさんと　マルコは　のどをならして　その水をのみました。
おばあさんが　病気《びょうき》になりました。
マルコが　焼《や》くパンは、まだまだ　ムラがありました。
やわらかすぎたり、黒《くろ》こげだったり、なま焼けだったり、かたすぎたり。

おばあさんは　マルコのパンを　まるまる一こ、食べたがりましたが、いつも　うまく焼《や》けている　安心《あんしん》して　食べられそうな　パンのかけらを　口《くち》にするだけでした。

マルコが　えんりょして、ほんのちょっぴり　そういうパンを　もってきたのです。

「おばあさん、ごめんなさい。ぼく　パン焼きが　まだまだ　へたなんだ」

おいしそうに焼けている　ひとかけを　ゆっくり時間《じかん》をかけて　食《た》べる　おばあさんは、笑《わら》うと　右《みぎ》ほほに　かわいらしい　えくぼが　うまれました。

「マルコの　こころの　こもったパン、たのしみだよ。いつか　一こ　ぜんぶ　食べるからね。だから、みんなの　幸《しあわ》せをかなえる　おいしいパンを　焼くんだよ」

おじいさんは、窓辺《まどべ》によると、景色《けしき》を　ながめるふりをしながら、涙《なみだ》をふきました。

おばあさんの　病気が　日《ひ》に日《ひ》に　わるくなっていたからです。

マルコの上手《じょうず》に焼いた　おおきな　まるいパンを　一こ　食べきるまえに　おばあさんが　なくなりました。

いつもいっしょに　神さまに　お祈りしてくれた　おばあさんは　天《てん》に召《め》されました。

マルコは　おばあさんを　埋葬《まいそう》するとき、ちいさなパンを　ひとつ　いっしょにお墓《はか》に　埋《う》めました。

二

「パン種《だね》、こうぼが、よくないんじゃないかな」

ある日《ひ》、おじいさんが　言《い》いました。

おじいさんは　ぶどう園《えん》をもっていましたが、腰《こし》がわるくなり、ひとに　貸《か》していました。

このぶどう園でとれる　ぶどうからこしらえた　赤《あか》ぶどう酒《しゅ》は、この地域《ちいき》でいちばんおいしい　絶品《ぜっぴん》と評価《ひょうか》されていました。

おじいさんは、ぶどう酒づくりの　達人《たつじん》だったのです。

「あそこの　ぶどう園を管理《かんり》しているひとの　奥《おく》さんが　つくるパンは、なかなかいけるよ。きっと、パン種、こうぼがちがうんだ」

マルコも　そうかもしれない　と、思いました。

パン種、こうぼは、天然《てんねん》の　神さまからの贈《おく》りもの、自然《しぜん》の生《う》みだす　幸福《こうふく》の　ため息《いき》みたいなものです。

おじいさんは、ぶどう園に　でかけました。

そこの奥さんから　パン種を　わけてもらうつもりでした。


季節《きせつ》は、夏《なつ》の終《お》わり。

夕方《ゆうがた》、おじいさんの帰《かえ》るころ、雷《かみなり》がなり、黒《くろ》くにごった雨雲《あまぐも》に、とげとげしている　ほそい　さかなの　骨《ほね》のような　白《しろ》い稲妻《いなずま》が　しゅるしゅる　はしりました。

マルコは　いやな予感《よかん》がしました。

雨《あめ》が降《ふ》りだすのもかまわず、ぶどう園への道《みち》を　けんめいに走《はし》りました。

すると　丘《おか》の斜面《しゃめん》の道《みち》に、うずくまっている　おじいさんを見つけました。

全身《ぜんしん》ずぶぬれ、溺《おぼ》れたように　雨《あめ》につかりながら、おなかに袋《ふくろ》をかかえ、その袋《ふくろ》をぬらさないように　からだ全部《ぜんぶ》で　つつんでいます。

びしょぬれの道にふせている　おじいさんは、顔《かお》をすこしあげ　マルコを見《み》ると、にっこり　わらいました。

「ぶどうからとれたパン種、こうぼだよ。あつかいが　むずかしいパン種だが、おいしいパンが焼けるそうだ」

おじいさんは　家《いえ》にいるような　ごくふつうの口調《くちょう》で　別《わか》れを告《つ》げました。

「マルコや、おばあさんといっしょに　神さまのところで　まってるよ。おいしいパン、まってるからね。みんなの　幸せをかなえる　おいしいパンを焼くんだよ」

マルコは　おじいさんの頭《あたま》を抱《だ》いて　天《てん》を見《み》あげ、声《こえ》もなく　泣《な》きました。銀色《ぎんいろ》の小魚《こざかな》のような雨が　とめどなく　降っていました。

おじいさんが　雨に濡《ぬ》れないよう　まもった袋には、パン種、こうぼと　ルビー色《いろ》の

秘蔵《ひぞう》の　ぶどう酒のはいった　つぼが　おさめられていました。
マルコへの　おじいさんからの　さいごの　贈りもの。
ぶどうからとれたパン種を　だいじに　たいせつに　そだてるマルコは、とうとう、
その冬、美味しいパンを　焼きあげました。

三

なんという　こうばしいにおい。
あたたかく　つややかで、こげすぎてもおらず、　なま焼けでもなく、しっとり　でも
さくさく　ふっくらの　たまらなく美味しいパン。
満足《まんぞく》したマルコは、目《め》をつむり、階段《かいだん》を　ひとつ、のぼったことを　かみしめました。
——
そのとき。

こな雪《ゆき》の舞《ま》う夜《よる》、墨《すみ》をながしたかのような闇《やみ》が、家《いえ》のすきまから　のぞきこんでいるような夜中《よなか》。

突然《とつぜん》、戸《と》をたたく音《おと》が　ひびきました。

マルコが戸をあけると、旅《たび》すがたの三人《さんにん》が、さむそうに立《た》っていました。

そうです。

救《すく》い主《ぬし》をもとめ　はるばる　星《ほし》にみちびかれてやってきた　三人《さんにん》の博士《はかせ》でした。

「わしらは　この先《さき》の　洞窟《どうくつ》のような　馬小屋《うまごや》へいくんだが、そこへ　パンとぶどう酒《しゅ》を　とどけてくれないだろうか」

「ここは　パン屋《や》さんなんだろう。あまりに　よいかおりがして、さそわれて　きてしまった」

「わしらもそうだが、きっと　赤《あか》ちゃんのおかあさんも　おとうさんも　おなかをすかせているにちがいない」

マルコは　びっくりしました。

馬小屋《うまごや》の赤《あか》ちゃんをたずねて　そこへいく　というのです。

旅びとのひとりが、しろいヒゲをしごきながら　ひくい声《こえ》で言《い》いました。

「みんなの　幸せをかなえる　救《すく》い主《ぬし》が　お生《う》まれになるんだ」

「ほら　ごらん　天高《てんたか》く　あんなに　大《おお》きくて　清《きよ》らかな星《ほし》が　きらきら　光《ひか》っている」

「あの星が　わたしたちをみちびく　救いの星なんだ」

みんなの　幸せをかなえる。
そうだ　おじいさんも　おばあさんも　そう言っていたっけ。
救い主、お生まれになる　赤ちゃん。
そこへ　じぶんが焼いたパンと　おじいさんの丹精《たんせい》こめた　ぶどう酒をもっていくんだ。
マルコは　胸《むね》が　熱《あつ》くなりました。

三人の博士が　そそくさと　歩《あゆ》み去《さ》っていく音《おと》をききながら、　マルコは　焼《や》きたてのまあるいパンを　おじいさんの袋《ふくろ》――それは　おばあさんが　作《つく》った袋、あの日、おじいさんが　パン種とぶどう酒を　いのちがけで　はこんできた袋――につめて、ぶどう酒のつぼを手にしました。
「おじいさん、おばあさん、　わたしの焼いたパンを　世界中《せかいじゅう》のひとを幸《しあわ》せにする　神《かみ》の子《こ》　救い主に　贈るんだよ。　いっしょに　よろこんでね。　これからも　みんなの　幸せをかなえる　おいしいパンを　焼きつづけるからね」
ふところに　かかえた　焼きたてパンの　ぬくもりを　そのまま　プレゼントしたかったマルコは、星にみちびかれながら　三人の博士を　追《お》いかけました。
イエスのおかあさんと　おとうさんに　聖《せい》なるパンを　食べてもらうために。

ひつじの子もり歌

「おまえが　生《う》まれたとき、流《なが》れ星《ぼし》が　とんだよ」

ひつじ飼《か》いの　少年《しょうねん》が、めすのひつじの　首《くび》から背《せ》を　右手《みぎて》で　やさしくなでながら　言《い》いました。

「おまえの毛《け》は　なんて　なめらかに　すべすべしているんだ。ほかの　ひつじとは　ぜんぜんちがう」

一

天《てん》の　神《かみ》が　糸《いと》でつりさげたような　ぽこんとした　まあるい丘《おか》が　星《ほし》あかりに　照《て》らしだされています。
ここは　その丘の　くぼみです。
まるで　手《て》のひらのように　あたたかく　くぼんでいます。
めひつじは　もの心《ごころ》ついてからすぐ　群《む》れを　ひとり　はなれて　そのくぼみで　身《み》

ひつじの子もり歌

を　やすめるようになりました。
　少年《しょうねん》は、群《む》れから　さまよいでて　いなくなった　ちいさな　生《う》まれたての　めひつじを　さがして　ここにきました。
　やわらかな若草《わかくさ》は　まるで　ゆりかごの　毛布《もうふ》でした。
　春《はる》の萌《も》えたつような　ふしぎな　青《あお》いにおいに　つつまれた　めひつじは　大地《だいち》のふところに抱《いだ》かれて　夢《ゆめ》をみていました。
　それは　小鳥《ことり》のさえずり　虫《むし》のこえ　いいえちがいました。
　天使《てんし》の　歌声《うたごえ》です。
　耳《みみ》をすまさないと　きこえてこない　かすかな　それでいて　はっきりとした　のびやかな歌声です。

「いと高《たか》きには　光栄《こうえい》　神に帰《き》し
地《ち》には　平安《へいあん》くだり

ひとに　恵《めぐ》みは　のぞめり」

めひつじは　うっとりしました。
そのとき　耳《みみ》に　きこえてくる　ひとの声《こえ》が　めひつじを　現実《げんじつ》に　ひきもどしました。

「こんなところにいたのか。安心《あんしん》したよ」
そう言って　ひつじ飼いの　少年が　めひつじの　かたわらに　腰《こし》をおろし　やさしく　背なかを　なでてくれたのです。
天使の歌声も　すてきでしたが、少年の　やさしく　なでる　なめらかな指《ゆび》の波《なみ》も
めひつじは　好《す》きになりました。
「ここは　おまえの　大好《だいす》きな場所《ばしょ》なんだね」
少年は　うなずくと　めひつじに　言いました。

「おまえは　わたしの　ひつじだ。おとうさんに　おねがいして　わたしのひつじにさせてもらおう」

少年が　おとうさんに、

「めひつじを　わたしにください」

そう　お願《ねが》いすると　おとうさんは　しぶい声《こえ》で言いました。

「ひつじは　家族《かぞく》の　財産《ざいさん》だ。わかるか」

はい　と　少年が　こたえました。

「はえてくる毛、服《ふく》や手袋《てぶくろ》にする毛皮《けがわ》、食《た》べられる肉《にく》、ときには売《う》り物《もの》にもなり、お金にかえられるのだ」

少年は　いっそう　真剣《しんけん》な目《め》をして　言いました。

「いまの　十倍《じゅうばい》、いいえ　百倍《ひゃくばい》も　はたらきます。だから　売《う》ったり　殺《ころ》したりしないでください」

おとうさんは　くちびるを　きっと　むすび　少年に　背《せ》を向《む》けました。
「おまえを　信《しん》じよう」

二

その日から　少年は　ますます　いっしょうけん命《めい》　はたらきました。
東《ひがし》の地平線《ちへいせん》が白《しら》み、にわとりが　ときの声を　あげるころには　もう起《お》きだしていました。
にわとりや　がちょうの　世話《せわ》をし、め牛《うし》の乳《ちち》をしぼり、ひつじを　放牧場《ほうぼくじょう》に　はなちました。
かまどに　火《ひ》をいれ、まきを割《わ》り、家族のために　井戸《いど》の水《みず》をくみ　かめいっぱいに　満《み》たしました。
そのすがたを　おとうさんは　そ知《し》らぬ顔《かお》で　みていました。

めひつじの　毛は　ほかの　ひつじのように　もこもこ　もじゃもじゃ　たくさんはえませんでした。
ほそく　ながく　いつまでも　すべすべして　きれいでした。
「めずらしい　毛だ。赤《あか》ちゃんひつじに　子ひつじに　遺伝《いでん》するかもしれんな」
少年は「いでん」とはなにか　おとうさんに　ききました。
「このきれいな毛の性質《せいしつ》が　子ひつじにも　うけつがれる　ということだ」
こころから　少年は　祈りました。
「神さま　この　めひつじの　赤ちゃんが　生まれますように。そうしたら　おとうさんは　殺して肉にしたり　売ったり　できない　と思います」
毎日《まいにち》　少年は　祈りました。
「めひつじの赤ちゃんが　どうか　一日《いちにち》も早《はや》く　生まれますように」
おとうさんは　夜《よる》　星空《ほしぞら》の下《した》　少年の　祈る姿《すがた》を　遠《とお》くから　みていました。

でも　めひつじは　つぎの年も　そのつぎの年も　子ひつじ　赤ちゃんを　生みませんでした。

塩《しお》からい声で　おとうさんは　言いました。

「もうだめだ　育《そだ》ちすぎだ。肉にすることも、売ることもできない」

家族のみんなが　冷《つめ》たい目《め》で　少年と　めひつじを　見ています。

「食《た》べて　ねるばかりで　役《やく》にたたない　だめな　めひつじだ」

「せめて　赤ちゃんを　生んでくれたら、すこしは　ましなのに」

役《やく》たたずの　めひつじを　大事《だいじ》にする少年を　家族は　ちょっぴり　うらみました。

生活《せいかつ》が　苦《くる》しく　貧乏《びんぼう》だったからです。

おとうさんは　少年に　背を向けたまま　でした。

でも　おとうさんは　めひつじと　少年に　ひどいことを　言いませんでした。

三

その夜　少年と　めひつじは　丘の　くぼみに　いました。
夜空は　どこまでも　群青色《ぐんじょういろ》に　すみわたり、白銀《はくぎん》色の　はりがねのような月《つき》が　ぽつり　天《てん》に　孤舟《こぶね》のように　浮《う》かんでいます。
めひつじの　深緑《ふかみどり》色の　眸《ひとみ》に　流《なが》れ星《ぼし》が　うつりました。
「涙《なみだ》のようだね」
少年は　悲《かな》しい声で　つぶやきました。
「あの流れ星は　わたしたちの　涙だ。おまえの眸の　涙の池《いけ》に　ぽちゃんと　落《お》ちたんだ」
めひつじは　少年の　悲《かな》しみが　わかりました。
手《て》のひらから　つたわる　じゅんじゅんとする　悲《かな》しみのさざ波《なみ》が　めひつじの　こ

ころを　しめつけました。
「わたしに　できることは　ないのかしら」
なにも　できない　じぶんを　めひつじは　かなしみました。
「もうじき　夜が　明《あ》けるね」
少年が　ひそやかに　つぶやきました。
天《てん》と地《ち》の　沈黙《しじま》に　星あかりに　照《て》らされた　ふたりの影《かげ》が　とけていきます。
「あの　あつまっている　わた雪《ゆき》のような　ちぎれている　星の雲《くも》　あそこは　きっとひつじの星座《せいざ》だ。人間《にんげん》のために　死《し》んだ　ひつじが　あそこへ　行《い》くんだ。あそこへ行った　ひつじは　幸せだ。　神さまの　ふところに　いつまでも　だかれているのだから」
めひつじは　耳《みみ》を　そばたて　きき耳をたてました。
そのとき　ふたりは　天使の　歌を　きいたのです。

「夜明《よあ》けより　主《しゅ》をあおぎ　慕《した》い、
　讃《ほ》め歌《うた》を　たてまつる」

少年《しょうねん》は　はっ　と　しました。
めひつじを　じいっと　みました。
「おまえは　天使の歌を　きいていたのか。　だから　この丘のくぼみに　いつも　いるのか」
めひつじの耳は、すくっと天を向き、その眸の泉に　流れ星が　もうひとつ　音もたてずに　墜《お》ちました。
「きっと　願《ねが》いが　かなう。これは　祈りを　かなえる　流れ星だ」
少年も　耳を　すませました。
天使は　まだ　うたっていました。

「主《しゅ》よ、われらを　あわれみ、
あわれみたまえ。
神は　われらと　ともにすればなり」
明星《みようじよう》が　かがやきを　ますほどに　讃美《さんび》のうたを歌う　天使がふえていきました。
「まことの光《ひかり》なる　救世主《きゆうせいしゆ》　おお救《すく》い主《ぬし》よ
降誕《こうたん》の日《ひ》　まさに来《き》たれり」
「天は　たのしめよ、
地は　よろこべよ。
見ゆると　見えざる　あらゆるものは

神の子の　誕生《たんじょう》を　よろこべよ」

朝陽《あさひ》が　ほんのり桃色《ももいろ》に　丘《おか》のくぼみを　つつみました。

少年と　めひつじは　いつのまにか　天使の歌を　うたっていました。

天使の歌の　ほんとうの意味《いみ》も　知《し》らず　まだ　わかりもしないのに。

その清《きよ》らかな歌ごえを　おとうさんは　とおくで　やぎの乳《ちち》をしぼりながら　きいていました。

四

あたりの木々《きぎ》は　葉《は》を落《お》とし　草原《そうげん》の草《くさ》が　枯《か》れしぼみ　虫《むし》の音《ね》が　さびしげに　ほそくかすかに消えゆくころ　めひつじは　赤ちゃんを　子ひつじを　生みました。

「もうすぐ　冬をむかえるという　こんな　さむい季節《きせつ》に　子ひつじを　生むなんて。つ

くづく　変《か》わりものの　ひつじだ」
そういいながらも　家族は　めひつじの　めんどうをみました。
なんだかんだいっても　命《いのち》の重《おも》さを　知《し》っていました。
少年は　うれしくなりました。
ようやく　めひつじが　子を生んだのです。
おとうさんに　ほこらしげな　視線《しせん》を　むけました。
しかし　おとうさんの　目は　きびしいままでした。

赤ちゃん　ひつじが　生まれてから　一週間《いっしゅうかん》たち、ベツレヘムに　雪《ゆき》が舞《ま》いました。
木枯《こが》らしが吹《ふ》き、日陰《ひかげ》の氷《こおり》は　昼間《ひるま》も　とけなくなりました。
ますます　しんしんと　冷《ひ》える夜、少年と　めひつじは　生まれたての　子ひつじと
いっしょに　丘のくぼみに　いました。
少年は　毛布《もうふ》で　しっかり　子ひつじをくるみ　夜の寒《さむ》い風《かぜ》を　ふせいでいました。

ふかいふかい　海《うみ》の底《そこ》のような青《あお》さに　流れ星が　絵《え》を描《えが》きました。
その絵は　ひときわおおきな　かがやく星を　描きだしました。
少年たちは　びっくりしました。
あまりにも　おおきな星が　牧場《まきば》の　ひとすみを　照《て》らしています。
天使の歌が　きこえてきました。

「いと高《たか》きには　光栄《こうえい》　神《かみ》に帰《き》し
地《ち》には　平安《へいあん》くだり
ひとに　恵《めぐ》みは　のぞめり」

流れ星は　地には墜《お》ちず　めひつじの眸の水たまりにも落ちず　天空のかがやく星めざして　ひとつ　またひとつ　はしっていきます。
だれかの願《ねが》いを　おおぜいの人、たくさんの動物《どうぶつ》　いろいろな植物《しょくぶつ》の　こころからの

思いをのせて　星が　光の矢《や》となって　かがやくおおきな星《ほし》を　めざして　未踏《みとう》の海《うみ》をわたっていきます。

「万民《ばんみん》よ　主《しゅ》を　讃《ほ》めあげよ、
万族《ばんぞく》よ　神《かみ》を　あがめ　讃《ほ》めよ」

少年と　めひつじは　天使といっしょに　歌う　しぶい声の持《も》ち主《ぬし》を　見あげました。
少年の　おとうさんが　ほほに涙をながしながら　しわがれた太い声で　天使の歌に　けん命に　声を合わせていました。
へたくそな歌　調子《ちょうし》っぱずれな音《おと》でした。
でも　それは　祈りでした。

「おとうさん」

少年は　はじめて父の涙を見、こころ　ふるわせて　言いました。
「おまえの祈りは　神さまに　とどいている。わたしは　おろかだった」
少年は　かぶりを　ふりました。
おとうさんは　家族を　ひつじの群《む》れを　家畜《かちく》や畑《はたけ》を　まもるために　必死《ひっし》に生《い》きています。
おとうさんの　背なかは　きょだいな　岩山《いわやま》のようだと　少年は　思いました。
おとうさんは　少年のくびに　毛糸《けいと》のマフラーを　かけました。
「天使の歌を　きいたか」
少年が　うなずきました。
「きょう　いま、世界を救うために　神の子が　お生まれになった」
おとうさんが　きれぎれに　そう言いました。
「世界を救う　神の子」
おとうさんの言葉《ことば》を　くりかえした少年は　立ちあがると　父の目をみました。

「おまえの　めひつじが　生んだ　その子ひつじは　とくべつだ」
安心《あんしん》しきって　少年のうでに抱《だ》かれ、　ひたすら　深《ふか》く眠《ねむ》っている　子ひつじは　まさに　神のもたらす安息《あんそく》に　満《み》たされています。
「さあ、行こう」
おとうさんは　かがやく星の光が　浮きあがらせている　遠くにみえる　ちいさな洞《どう》窟《くつ》を　ゆびさしました。
少年は　言いました。
「子ひつじは　神さまへの　贈《おく》りものになるんだね」
「かけがえのない　贈りもの、世界に　唯一《ゆいいつ》の　献納品《けんのうひん》、献《ささ》げものだ」
おとうさんは　少年と　めひつじを　抱きよせました。
「わたしたちは　神の家族、おまえは　わたしの　じまんの子だ」
少年は　おとうさんの　ふとい腕《うで》を　しっかり　かかえました。
めひつじは　少年の　お父さんに　抱きよせられ　甘《あま》えて　はなを鳴《な》らしました。

おとうさんと　めひつじが　ならんで　あるいています。
やすらかな　寝息《ねいき》をたてている　子ひつじを抱いた少年は、天使の歌を　うたいながら、おおきな星の　照らしだす　光の洞窟へ　丘をくだっていきました。

「こころを　きよめて
かがやく　神《かみ》の星《ほし》を　あおぎ見《み》るべし」

「なんじの　子《こ》どもたち　光《ひか》れる星《ほし》のごとく
東《ひがし》　西《にし》　北《きた》と　南《みなみ》より　あつまりて
神《かみ》の子《こ》　救《すく》い主《ぬし》の　お生《う》まれを　あがめ　歌《うた》う」

「キリスト　生まる、
あがめ　讃《ほ》めよ」

めひつじと　少年は　おとうさんの祈りの歌は、　まるで　羊の群れの　メェメェなく　合唱のように　音がばらばらで　へたくそだと　思いました。
「ねむっている　赤ちゃん　子ひつじが　起《お》きちゃうじゃないか」
でも　おとうさんの　音のはずれた　へんな讃美歌《さんびか》は　あたたかくて　安《やす》らかな祈りのこころに　満ちている、静かな　海鳴りのような　子《こ》もり歌《うた》　なのでした。

黄《おう》金《ごん》

男《おとこ》は、山師《やまし》と　よばれている。

みなし児《ご》であった男は、おやに捨《す》てられ　道《みち》ばたに　ひとり　泣《な》いていた。

あわれに感《かん》じた　年老《としお》いた山師が　男を　ひろった。

幼《おさ》なかった男は、老山師の影《かげ》を　ふむがごとく　まつわりつく子犬《こいぬ》のように、くっついて　あるいた。

旅《たび》から　旅の　れんぞくであった。

老山師は、ふしぎな眼力《がんりき》、能力《のうりょく》を　もっていた。
金銀宝石《きんぎんほうせき》の　ねむる　ばしょを　さぐりあてることができた。
男は　金銀宝石を　さぐりあて、わがものとする　秘儀《ひぎ》を　おそわった。
やがて　旅のさなか　船《ふね》のうえで　老山師が　死《し》んだ。
老山師の遺言《ゆいごん》で　水葬《すいそう》がいとなまれ、なきがらは　海《うみ》のもくずとなった。

男は　天涯孤独《てんがいこどく》になった。
ふたりが行《ゆ》く先《さき》は、ペルシャ王《おう》の宮殿《きゅうでん》であったのだが、男は　ひとり　仕事《しごと》を　引《ひ》きついだ。

一

男は　ペルシャ王に　宝石を　売《う》りつけようとした。
てかてか光《ひか》る　しっとりとした　絹《きぬ》の布《ぬの》のうえに　ずらり　宝石を　ならべた。
王は　テーブルに　ちかずくと　はなを鳴《な》らしながら　宝石のまわりを　ふわりふわり、あるいた。
王にかしづく　王妃《おうひ》や王女《おうじょ》は、　きらびやかな　王宮《おうきゅう》のシャンデリアの光《ひかり》にかがやくサファイア、トパーズ、ルビー、オパール、ラピス・ラズリ、紫水晶《むらさきすいしょう》などをながめ、かまきりのように　むねに手《て》をくみ　息《いき》をとめ、瞳《ひとみ》をうるませ　ねがった。

「王さま　これらの宝石を　ぜんぶ　わたしたちに　くださいな」

いちど　うなずきかけた王は、あゆみをとめると　まゆをくもらせ　玉座《ぎょくざ》に　もどった。

王は　男に　ぐさり　ことばを　なげた。

「たりんな」

「たりない、とは」

「真珠《しんじゅ》が　ないではないか」

「わかりました、さっそく　真珠を　手《て》はいしましょう」

王は、やさしさのない　冷《ひ》えきったきびしい目《め》で　男を見《み》た。

「ありきたりの真珠では　ダメだ。だれも見ず、手にしておらず、おおきく、きらびやかな　世界一《せかいいち》の真珠をもってきたら、これらの宝石を　ひとつのこらず　買《か》ってやろう」

黄 金

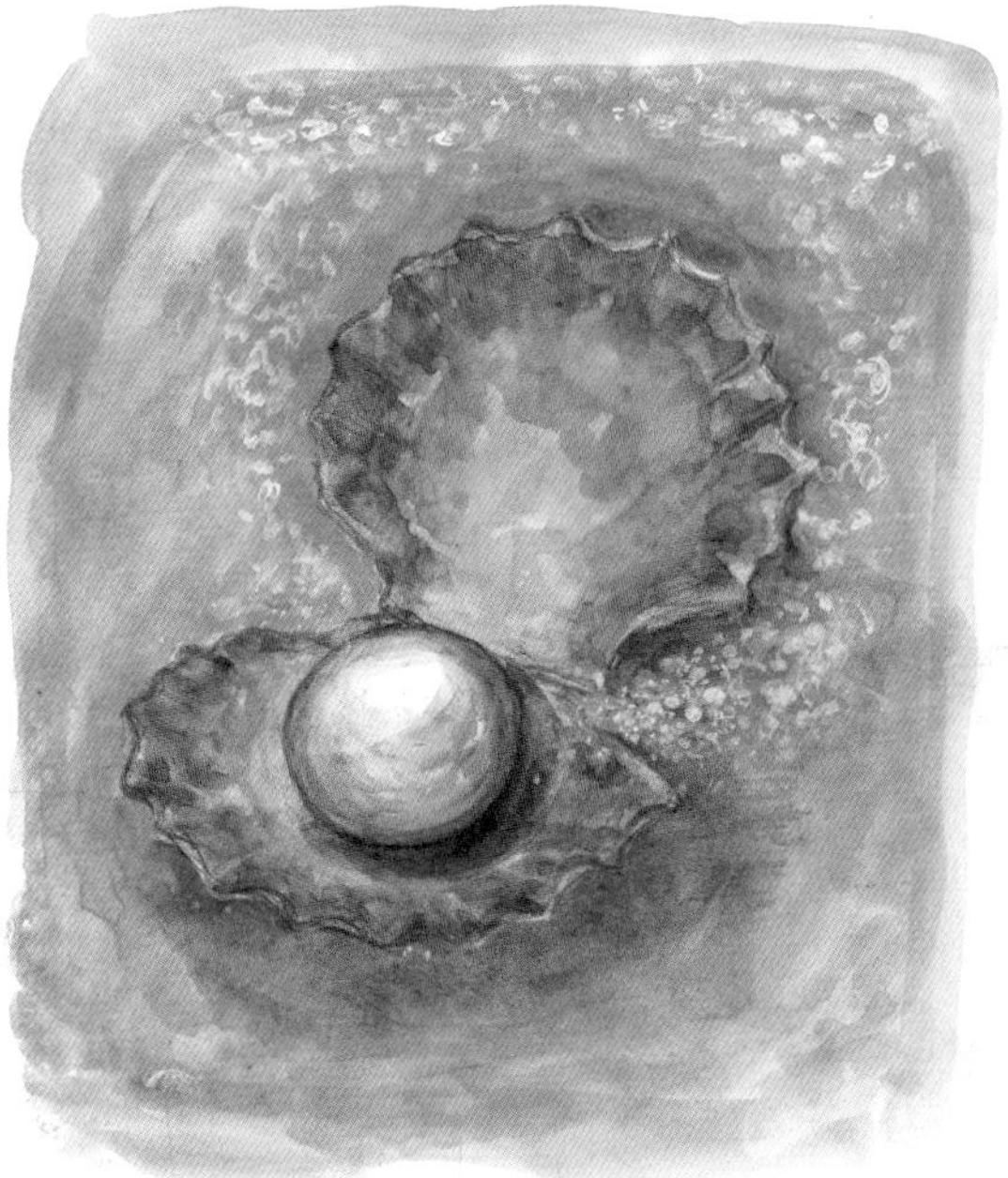

男は、海《うみ》のことは　なんでも知《し》っている　という　ふれこみの　漁師《りょうし》をやとう。
小舟《こぶね》にのり、南《みなみ》の海、色《いろ》とりどりのさかなのおよぐ、サンゴの　うつくしい海へ
もぐった。なんにちも、なんにちも　くりかえし。
男は　まっ黒《くろ》く　陽《ひ》にやけた。
かたくにぎった　こぶしくらいの　真珠を　小舟いっぱいに　盛《も》りあげた。
「だめだ。この大きさの　真珠では　あの王さまは　満足《まんぞく》しない」
男のため息は　日に日に　深《ふか》く　おおきくなっていく。

ある日　男は　ふしぎな泡《あわ》を　みた。
海面《かいめん》に　ちいさな　泡が　ぷくりぷくり　浮《う》かんでは　消《き》える。
あおい海面は　お陽さまの光《ひかり》を　すいこみながら、まるで　深呼吸《しんこきゅう》でもしているかの
ように　ゆっくり　ちいさな　泡を　天《てん》に　帰《かえ》している。
いまは亡《な》き、老山師の　ことばが　あたまを　よぎった。

「天が、神《かみ》がみが　おしえてくれるのを　待《ま》つのだ。ぜったいに　その兆《きざし》を　見《み》のがしては　ならぬ」

男は　海に　飛《と》びこむと、　まっすぐ　もぐった。
あまりにも　巨《おお》きな　二《に》まい貝《かい》が、口《くち》をあけている。
小《こ》がたの　荷馬車《にばしゃ》くらいもある　しろい貝が口をあけ　歌《うた》うように　つぶやくように　こまかい泡を　ふいていた。
貝のなかを　のぞくと　ああ　なんということだろう、　ひとの　頭《あたま》のように　おおきな　真珠《しんじゅ》が　しっかり　おさまっていた。
男は　貝に　語りかけた。
「どうか　この真珠を　わたしにおくれ。きっと役《やく》にたてるから、みんなが幸《しあわ》せになる

よう　役にたてるから」

これも　老山師の　ことばであった。

老山師は　いつも　こう言っては、山《やま》や川《かわ》、海辺《うみべ》や渓谷《けいこく》で　金銀宝石を　手に入れていた。

ふしぎなことに　貝は　男が　真珠をとりだすまで、じいっと　口を閉《と》じずに　がまんしていた。

二

「王さま、世界に　唯一無二《ゆいいつむに》　それは　それは　おおきな　真珠です」

絹のクッションにのせられた　巨大《きょだい》真珠をまえに　王は、息をのんだ。

かがやく真珠は　つやめくような光沢《こうたく》をはなち　気品《きひん》に　あふれている。

あまりにも　風格《ふうかく》と　高貴《こうき》さのきわだつ　真珠に　とまどった王は、ウホン　咳《せき》ばらいしてうめくと、平静《へいせい》をよそおい、

「まあまあ、だな」

と　うそぶいた。

「おまえの　宝石は　ぜんぶ　買いあげよう。この真珠もだ。ううむ、王の名誉《めいよ》にかけて　ちいさな都市《ポリス》が買《か》えるくらいの　金貨《きんか》と銀貨《ぎんか》を　あたえよう」

王は、

「この真珠は　まさに国宝《こくほう》だ。子孫《しそん》に代々《だいだい》　つたえらえるべきものだ。そうだ、おまえの見《み》たことのない宴会《えんかい》を　もよおそう。七日七晩《なのかななばん》　つづくのだ」

といい、男を　夕方《ゆうがた》　まねいた。

「さあ、神《かみ》がみも　ご照覧《しょうらん》あれ。地《ち》から　天《てん》へ　感謝《かんしゃ》の　炎《ほのお》を　ささげよう」

王宮《おうきゅう》のテラスごしに　みごとに広《ひろ》がる　大平原《だいへいげん》、そのさきのこんもりした　緑《みどり》の山《やま》に

むかって、たいまつを手《て》にした　兵士《へいし》が　無数《むすう》に　かけてゆく。
ぶどう酒《しゅ》いろの　あかい夕陽《ゆうひ》が、兵士の背《せ》を　血《ち》の色《いろ》に　染《そ》める。
山《やま》すそに　アリのように　むらがる兵士は、おいしげる木に　たいまつの火《ひ》を　わらわらと　うつしつづける。
山《やま》は　巨大《きょだい》な　燃《も》えさかる　火柱《ひばしら》　たいまつとなった。
紅蓮《ぐれん》の劫火《ごうか》が　夕雲《ゆうぐも》のたなびく　のどかな天空《てんくう》を　火《ひ》あぶりにした。
もうもうと　たちのぼる　まっ黒《くろ》いけむりは、星ぞらを　くろい車輪《しゃりん》で　切《き》りきざむ　地獄《じごく》の馬車《ばしゃ》を　空想《くうそう》させた。
男には　山の　木々《きぎ》の、動物《どうぶつ》の、鳥《とり》と　虫《むし》の　悲鳴《ひめい》が　きこえてくるようであったが、王宮のひとびとは、ふえやハープの演奏《えんそう》をきき、まるで吟遊詩人《ぎんゆうしじん》にでも　なったかのように、燃《も》える景色《けしき》を詩《し》にうたい、おどっては　哄笑《こうしょう》し　酒《さけ》をのんだ。
三日三晩《みっかみばん》　荒《あ》れくるった猛火《もうか》は、四日目《よっかめ》の朝《あさ》　ようやく　しずまった。

三

四日目《よっか》の　晩餐会《ばんさんかい》にも　男は　まねかれた。

王は　ことのほか、ごきげんであった。

列座《れつざ》の客《きゃく》に、巨大真珠をさがしだした、男であることを　あらためて紹介《しょうかい》した。

「あの真珠と宝石は、われらが　もつに　ふさわしい財宝《ざいほう》だ。ほこるがよい。

われらこそ　神《かみ》がみに愛《め》でられしもの　列座《れつざ》の神がみの右《みぎ》に　座《ざ》するものなのだ」

王は、テーブル上《じょう》の　おおきな赤《あか》いカバーを　料理長《りょうりちょう》に　はぎとらせた。

「みたこともない　めずらしい料理《りょうり》を　ごちそうしよう。あの燃《も》えた山《やま》から　えられる

すばらしい　料理《りょうり》なのだ」

テーブル上《じょう》には、黒こげの　四本《よんほん》あしの動物《どうぶつ》が　よこたわっている。

おおきなおなかが　ふくれあがり、　料理長が　そこへ　はばのひろい　肉切《にくき》りナイ

フを　あてがった。

「王さま、ご臨席《りんせき》のみなさま、ごらんください。じょうずに　こんがり　焼《や》けた　子《こ》ジカでございます」
なんと　母《はは》シカの　おなかをさいて、料理長は　子ジカを　とりだしたのだ。
子ジカは、まるで　生きているかのような、可愛《かわい》らしい　すがたのまま　母シカのふところから　ひきだされた。
ねむったままの　愛《あい》くるしい　子《こ》ジカ。
シャンデリアが　ぐらぐら　ゆれるほどの　歓声が　わきあがった。
子《こ》ジカの肉《にく》を　ふるまわれるのをまつ　ひとたちが　くるったように　手《て》をたたきどんどん　足《あし》をふみならした。
料理長が　うなずく王の　目を見ながら、おおきくてするどい研《と》ぎすましたナイフを　子ジカの　首《くび》にふりかざした。

「グッアー」

男が　あたまを　かきむしりながら、絶叫《ぜっきょう》した。

いいようのない、切《せつ》なさ、胸《むね》のくるしさ　いたみを　おぼえ、男は　王宮を　とびだした。

背中《せなか》には　あざけり笑《わら》う　黄《き》いろい声が　おそいかかり　追《お》いかけてきた。

男は　一本の木もなく、こげくさい　燃えつきた山へ　とびこんだ。

草《くさ》の葉《は》ずれの音《おと》、虫《むし》のなき声《ごえ》、ふくろうの羽《は》ばたきも、りすの木《き》の実《み》を　かじる音《おと》もなにもない。

無音《むおん》の闇《やみ》、生《い》きているものの　気配《けはい》のない地獄《じごく》が　そこにあった。

焼《や》け野原《のはら》の　炭《すみ》と灰《はい》のなかに　全身《ぜんしん》から　のめり　たおれふした男は、くらくなった群青色《ぐんじょういろ》の　空《そら》を見《み》て　はげしく　泣《な》いた。

泣かずには　いられなかった。

「こんなことのために　金銀宝石を　探してるんじゃない。わたしの　さがした　金銀宝石で　ほんとうに　幸せになれるひとは　いるのだろうか。　わたしは　いったいなんのために　生きているのか」

そらは　晴《は》れて　星《ほし》がみえているのに　こまかい雨《あめ》で　足もとがおぼろげになるほどけむってきた。

星も　泣いている、男は　そう思った。

それから　いく年月《としつき》、世界を　めぐったことだろう。

アラビア、エジプト、ナイル川《がわ》をさかのぼり、それからヌミヴィア、カルタゴ、地中《ちちゅう》海《かい》をわたって、シチリア、イタリア、クレタ、キプロス、シリア　そして　イスラエルへ。

天にあたえられた　ふしぎな才能《さいのう》で　金銀宝石は　あまた手に入り、　王や領主から　は　いくらでも　金貨・銀貨が　もたらされた。

でも　こころが　満《み》たされることは　ない。

金銀宝石を　もとめる　王や領主は、サメのような　光のない目で　男を見やると、みな　口だけ　形《かたち》だけの　感謝《かんしゃ》をいい、金《かね》をはらった。

「おまえは　頼《たの》まれたとおりの　金銀宝石をみつけだし、わしらに　売ればいい。　いくらでも　もうけさせてやる。だまって　いわれたとおりに　すればよい」

男は　またしても　自問《じもん》した。

「こんな人たちのために　金銀宝石を　探《さが》してるんじゃない。わたしの　さがした　金

銀宝石で　ほんとうに　幸せになるひとは　いるのだろうか。　わたしは　いったい　なんのために　生きているのか」

四

イスラエル　ベツレヘムの町で　男は　ひとりの　黒髪《くろかみ》の　少女《しょうじょ》に　出会《であ》った。
やさしそうな　すずしげな双眸《ひとみ》が、男を　安心《あんしん》させた。
ひとりぼっちの　みよりのない　少女は　男の家で　家政婦《かせいふ》として　はたらいた。
男は　少女が　気にいり、いつまでも　じぶんの　よこに　いてほしいと　ねがうようになった。
家のテーブル　いっぱいの　金銀宝石を　少女にみせた　男は、結婚《けっこん》を　もうしこんだ。
「これだけあれば、大豪邸《だいごうてい》も　たてられる。おまえは　はたらく必要《ひつよう》もない。たくさんの召使《めしつか》いをやとい、楽《らく》なくらしをすればよい」

　少女は　かぶりを　ふった。

「なにもいらない。あなたが　そばに　いてくださるだけでいい」

「わたしは　うんと　おまえを　幸せにしてやりたい。もっと　もっと　金銀宝石が必要か、いってくれ、おまえの　ねがいは　なんでも　かなえるから」

　少女は　黒くてながい　まつげをふせると、ためらいがちに　ほほえんだ。

「ほんとうに　わたしは　あなたがここに　いてさえすれば　それでいいの」

　男は　なにがなんでも　少女を　幸せにしたかった。
　大豪邸、おおぜいの召使い、高価《こうか》な調度品《ちょうどひん》、身《み》をかざりたてる　きらきらする装飾品《そうしょくひん》を　男はみつくろうとした。妻《つま》である少女は　なにひとつ　それらを　望《のぞ》まなかった。
　そのうちに　少女は　赤ちゃんを　みごもった。
　男は　ますます　やすらぎを　おぼえた。

やわらかな　陽《ひ》だまりのなか　妻《つま》が　赤《あか》ちゃんのために　やわらかな亜麻布《あまぬの》の　産着《うぶぎ》をぬい、赤ちゃんの　からだを　つつむ　毛糸《けいと》の　ベール、おくるみを　編《あ》んでいる。

男は　うれしそうに　その光景《こうけい》を　みつめる。

妻が　おなかの　赤ちゃんに　語《かた》りだす。

「あなたは　なんて　幸《しあわ》せ　なんでしょう。りっぱな　お父《とう》さんがいて　神さまが　愛《あい》情《じょう》で　つつんでくださっている」

男《おとこ》は　なぜか、神さまに　嫉妬《しっと》する。

「神さまなんて　いやしない。そんなの　空想《くうそう》のなかの　ものだ」

「そんなことない、神《かみ》の子《こ》、救《すく》い主《ぬし》が　いらっしゃって　すべてのひとを　すくわれるのよ」

「神の救いなんて　ない。うそだ。神の子　救い主なんて　きやしないさ」

「そんな　悲《かな》しいこと　いわないで。きっと　わたしたちのところに　降誕《こうたん》してくださいます」

「まいにち、戦争《せんそう》や　疫病《えきびょう》で　たくさんの人が　死んでいる。神さまは　助けて　くださらないじゃないか。救いなんて　ないんだ」
「わたし、信《しん》じてる。神さまは　わたしたちを　見すてたりしない。いつも　いっしょなの。神の子、救い主は　いつも　わたしたちと　いっしょです」
ながれる　音楽《おんがく》のような　うきたつような、妻のささやきがうれしい。銀《ぎん》のちいさな鈴《すず》のような　かろやかな　その声を　きくだけで　男は　幸せになってしまう。
男は　だまって　愛する妻の　真実《しんじつ》のことばを　きいた。
ささくれている　男の　こころが　いやされていった。

五

時《とき》が　満《み》ちた。
赤ちゃんの　生まれる日が　きた。

赤ちゃんを　ぶじ　生まれさせるためにきた　産婆《さんば》さんは　夫《おっと》である男に　この出産《しゅっさん》が　むずかしい　と　言《い》った。
何時間《なんじかん》もかかった。
妻である少女は　体力《たいりょく》を　つかいはたした。
うまれた赤ちゃんは　ぴくりとも　うごかない。
産婆《さんば》さんは　男をみて　顔《かお》を　よこにふった。
男《おとこ》は　愕然《がくぜん》とした。
地中《ちちゅう》に　からだも　こころも　吸《す》いこまれるかのように　笑顔《えがお》が　引《ひ》きつった。
赤ちゃんの　死を　さとった　わかい妻は、　信じられないことに、あどけなく　むじゃきな　ほほ笑《え》みを　かお　一面《いちめん》にひろげた。
「わたし　かみさまに　言っといて　あげる。赤《あか》ちゃんと　いっしょに　わたしたちがずっと　あなたと　いられますようにって」
くるしい息《いき》をついで、妻が　いたずらっぽく　かわいい天使《てんし》のように　わらった。

「おまえ　逝《い》っては　だめだ、わたしは　おまえを　幸せにすると　約束《やくそく》した。まだ一《いち》度《ど》も　約束を　はたしていない。わたしから　はなれないでくれ」

少女は　男を　愛しているがゆえに　こういった。

「あなた　わたしを　信じてる？　わたしのこと　好《す》き？」

「……もちろん、もちろんだとも……」

「金銀宝石よりも？」

「おまえさえいれば……おまえが　すべて……、いかないでくれ」

「よかった。わたしも、よ」

少女は　こどものように　わらった。

「かみさま　このひとと　あかちゃんと　ずっと　いっしょに　いさせてください」

胸《むね》のおくを　かきむしられた男は、しずかに　息をひきとり　神に召された　わかい妻を　ふるえながら　声もださずに　だきしめつづけた。

ちかくの　丘《おか》に　男は　妻と子の　お墓《はか》を　つくった。
毎日《まいにち》　花《はな》を　たむけに　行《い》くのが　日課《にっか》になった。
男は　墓のまえで　なつかしい　妻との思《おも》い出《で》の品《しな》を　ひとつずつ　燃《も》やした。
「金銀宝石で　妻を　幸せにできなかった。わたしは　なんのために　生きているんだ」
妻のぬった　産着と　毛糸で編んだベールやおくるみを　男は　火に　投げこむこと
が　できない。
たのしそうに　うたうように　赤ちゃんに　ことばをかけ　つくっていく姿《すがた》が　いま
も　心に焼きつき　目に浮かぶ。
妻の　そのふたつ以外《いがい》の　思い出の品を　燃やしつくした男は　墓に　たむけた花を
なでながら　つぶやいた。
「わたしたちの　人生《じんせい》は　つぼみのまま　おわってしまった。　妻と　こどもと　三人《さんにん》で
人生の　花を　ひらかせる　はずだったのに」
涙《なみだ》のでない男は、　からだを　ふるわせながら　天を　見あげつづけている。

六

それから　いく年月、たったことだろう。

わかいころにためた　金銀宝石で　いのちを　つなぐ　日々《ひび》を　おくった男は、すっかり　歳《とし》をとった。

まっ白《しろ》いあたま、かたも　むねも　うでも　あしも　肉《にく》がそげ、やせほそった。

ある日の　秋《あき》の夕方《ゆうがた》、東《ひがし》の山《やま》が　暮《く》れなずむころ、渓谷《けいこく》に　ひとすじの　光《ひかり》が　見えた。

いや　見えるように　思えた。

男は　いまはなき　幼《おさ》な妻《づま》の呼《よ》びかけを　きいたように　感《かん》じた。

「あなたに　贈《おく》りたいものがあるの。ここよ、ここへきて」

呼《よ》ばれたところへ　男はいった。

そらは　あおく　晴《は》れているにもかかわらず、　ほそい糸《いと》のような　銀《ぎん》いろの雨《あめ》がふっていた。　夕陽《ゆうひ》は　こまかい雨《あめ》の　すだれを　くぐりぬけ、　あたりを　みかん色《いろ》にうるませている。

谷間《たにま》の　ちいさな水《みず》たまりが　あおい空を　うつしていた。

そこにだけ　西《にし》にかたむく　残《のこ》り陽《び》が　さしこみ、　きらきら　青《あお》い水《みず》を　照《て》らしている。　さっと　秋《あき》かぜが　水面《すいめん》を　なでた。

まばゆい光が　みな底から　つきぬけ、うつくしい　虹《にじ》の　橋を　天にかけた。

男は　かがみこむと　水たまりから　両手《りょうて》で　光《ひか》る石《いし》を　だきあげた。

ずっしり重《おも》い、金塊《きんかい》であった。

男は　こんなに　純度《じゅんど》の高《たか》い　金《きん》のかたまりを　みたことがなかった。

男は　金のかたまりを　胸にだくと　妻の名を呼んだ。そして　いった。

「金はいらない。おまえが　おまえが　ここに　いて　ほしかった……」

ふたたび　あの女の声が　きこえる　気がした。

「わたしたちは　ずっと　あなたのよこ。あなたは　ひとりぼっちじゃない」
男は　その神秘《しんぴ》に　こころうたれ、黄金《おうごん》を　だいたまま、虹《にじ》を　みつめる。
虹は　天高く　なな色のうでをさしのべ、ちいさな星を　照《て》らしだした。
男は　妻と子を　なくしてから、はじめて　声をあげて　泣いた。
かすかに　まばたく　星は、男の　だきかかえている黄金を　あたたかな光で　照らしつづけた。

七

冬《ふゆ》がきた。
木枯《こが》らしが、ふきすさび、家《いえ》の木戸《きど》を　ぴしぴし　ゆりうごかした。
男は　北風《きたかぜ》の音《おと》だと思《おも》った。
ちがった。戸《と》をたたく音《おと》だった。

戸をあけると、男のまえに　三人の旅《たび》びとが　立っていた。

毛皮の帽子をかぶり、もこもこのマフラーを首にまき、ぶ厚《あつ》いマントに　身《み》をくるんでいる。

三人の旅びとは、男の名をよび、ふしぎな願《ねが》いを　かたった。

「あなたは、金銀宝石を　さがす　名人《めいじん》だそうな。どうか　これは　という　神秘的《しんぴてき》な秘宝《ひほう》を　わたしたちに　お売りください」

「わたしは　もう　とっくに　廃業《はいぎょう》している。なにもない、なんにもだ」

三人はがっかりし、目を　見合《みあ》わせた。

「この先の　洞窟《どうくつ》のような馬小屋《うまごや》で、救《すく》い主《ぬし》である神《かみ》の子《こ》が　お生《う》まれになられている」

「わたしたちは　せめてもの　贈《おく》りものを　したいのだ」

「救い主、神の子、それはいったい　なんなのだ」

「すべてのひとを救うお方《かた》」

「わたしらの　よこに　いつも　いっしょに　いてくださるお方」

「すべてのひとを愛し　いつくしみ　幸せになさる　神の子だ」


男は　はっとした。

そうだ。これだったのだ。

妻は、だから　あの秋の日の　夕暮《ゆうぐ》れ、金《きん》のかたまりを　贈ってくれたのだ。

不意《ふい》に背《せ》をむけると　男は　家《いえ》の奥《おく》から　うつくしい木彫《もくちょう》のほどこされた　木《き》の箱《はこ》をかかえてもどり、三人の旅びとに　さしだした。

「……これは」

「あなたたちに　これをたくそう。黄金……、　神の子　救い主を　もとめつづけたなき妻の　形見《かたみ》だ。だいじに　つかってくれ」

お金はいらない、男が　いった。

「奥さんの……かたみ、いいのか」

男は　三人の旅びと　すなわち　三人の博士に　いった。
「妻は　わたしに　いちばん大切《たいせつ》なものを　贈ってくれた。こんどは　わたしが　神さまに　贈りたい」
男は　ふたたび　はっと　気《き》づき思《おも》いだすと　へやにもどり、おしいただくようにして　ふたつの品を　愛《いと》おしそうに　はこんできた。
「子どもが生まれるまえ、妻が　ひとさし　ひとさし　ぬった　産着《うぶぎ》。こっちは　ひとめ　ひとめ　毛糸《けいと》を　編《あ》んだ　ベール、おくるみだ」
白髪《しらが》の博士《はかせ》が　いった。
「おくさんとだけでなく　こどもも　永眠《えいみん》されたのか」
「……ふたり　いっしょに　天《てん》の神のもとへ　旅立《たびだ》ってしまった」
白髪の博士が　黄金の　はいっている木箱《きばこ》を、壮年《そうねん》の博士が　毛糸のベールを、わかい少年《しょうねん》のような博士が　産着とおくるみを　手にもち、男の目を　みつめた。
博士のひとりが　いった。

「救い主のところへ　いっしょに行かないか」

「妻は　神さまのところで　まっていると　わたしに　いった。わたしがくるのを　かならず　まっていると」

男は　愛するひとが永眠してから　はじめて　にっこり　こころのそこから　笑った。

「ありがとう、でもいい。ここで　妻と　話があるんだ。妻が　神さまといっしょにいるように　わたしも　妻と子どもと　いつも　いっしょなんだ」

うなずいた　三人の博士は、男に　いった。

「いずれ　また　会《あ》おう」

男はいった。

「きっと　救い主に、かならず　いつの日にか、神の子に　会いに　行くから。忘《わす》れないから」

三人の博士は、うれしそうに　笑《わら》い、　男からの三つの贈り物を　だきかかえ、しっかり　とびらを　閉《し》めた。

男は、黄金の　はいっていた　木箱のあった　あたりを　そおっと　手でなでたあと、
産着とおくるみ　ベールの入っていた　たなの　ひきだしを　とじた。
「わたしは　しあわせだ」
愛する妻と　うしなった子を　想《おも》う　男は、目をつむり　生まれてはじめて、神に
祈りたいと　感じた。

男は、妻に　呼ばれたような気《き》がして、あわてて　冷気《れいき》のたちこめる戸外《こがい》へ　とび出《だ》
した。
あれほど　吹《ふ》きすさんでいた木枯らしも、こな雪《ゆき》も　消《き》えさっている。
ゆっくり　去《さ》りゆく、三人の博士の　背《せ》なかを　みちびきの星の光が　おぼろげに
照らしている。
見よ、星は　天をはしる。

星は、ベツレヘム　町はずれの　牧場《まきば》の　ひとすみを　燦然《さんぜん》と　照らしている。
男は　たしかに　妻のこえを　きいた。

「あなたの　みつけた黄金は　救い主　神の子への　贈りもの。それは　愛の贈りもの。あらゆるひとを　幸せにする　希望の光です。大好《だいす》きなあなた、いつも　わたしたちは　かみさまと　いっしょ。わたしと赤ちゃんは　ずっと　いっしょです」

「そうだ　わたしたちの人生、あらゆるひとの人生の　つぼみを花ひらく　その時がいま　ここに来ている。おお、神よ、わたしは　愛そう。すべてをうけいれ、愛したい。うしなわれた妻と子が　いまここに　よみがえる。わたしたちは　いっしょに生きていきたい。　神とともに　生きていきたい」

男は　凍《こお》った地面《じめん》に　ひざまずき、星の光またたく　すみれ色《いろ》の夜空《よぞら》を見あげ、うでをさしのべた。
祈りの言葉《ことば》を　知《し》らなかったので、万感《ばんかん》の思いをこめて、妻の名と　つけたいと希《ねが》っていた子どもの　名《な》まえを　よんだ。
ほほえみながら　祈る　男のほほに、涙が　つたわり　落ちる。
涙の　しずくは、星の　ひかりに　照らされて　宝石のように　かがやきながら、いのちをもっているかのように　ちいさな　光芒《こうぼう》を　はなちつづけている。
男は　生まれてはじめて　希望《きぼう》の光輝《こうき》に　つつまれ　うれしくて　泣いた。

わかき日《ひ》のトマス

一

王《おう》は　深紅《しんく》の絨毯《じゅうたん》の敷《し》きのべられた　石段《いしだん》をゆっくり　一歩《いっぽ》一歩　踏《ふ》みしめ、　のぼっていきます。

その有《あ》りさまを　三人《さんにん》の旅《たび》びとが　両《りょう》ひざをつき　ひれ伏《ふ》し、　ゆっくり　目《め》で　追《お》いかけていました。

ここは　王宮《おうきゅう》の応接間《おうせつま》、　訪《おとず》れる　国々《くにぐに》の王《おう》や領主《りょうしゅ》、　使者《ししゃ》などを応接《おうせつ》する　謁見《えっけん》の間《ま》と呼《よ》ばれる　場所《ばしょ》でした。

巨《おお》きな　天井知《てんじょうし》らずの空間《くうかん》が　無機質《むきしつ》に　ひろがり、　君臨《くんりん》する王の　絶大《ぜつだい》な権力《けんりょく》を見《み》せつけていました。

空間《くうかん》を　ささえる石《いし》の　柱《はしら》のまえ、　石段のむかって右《みぎ》　奇数段《きすうだん》と　左《ひだり》　偶数段《ぐうすうだん》にはそれぞれ、　真《ま》っ黒《くろ》な　軍装《ぐんそう》に身《み》をかためる　王の親衛兵《しんえいへい》が　短槍《たんそう》を手《て》に　腰《こし》には短剣《たんけん》

を帯《お》び　いざという時《とき》に　そなえていました。

無数《むすう》のランプの照《て》りかえしが　広大《こうだい》な謁見の間に　陰影《いんえい》をつくらせず、　王をねらう刺客《しかく》のかくれ場所を　うばっているのです。

不思議《ふしぎ》なことに　王が　石段の中央をのぼるごとに　きいたことのない音《おと》が　絶妙《ぜつみょう》な音律《おんりつ》を　奏《かな》でています。でも　どこにも　楽器《がっき》を手《て》にする　楽人《がくじん》はいません。

三人の　旅びとは　瞳《ひとみ》をみひらいて　視線《しせん》をかわしました。

いちばん若《わか》い　旅びとが　うれしそうに　顔《かお》をほころばせたので　年長《ねんちょう》の旅《たび》びとが片目《かため》をつむり、「場所をわきまえなさい」と　いましめました。　その様子《ようす》を　旅びとを案内《あんない》した　背《せ》の高《たか》い　内大臣《ないだいじん》が　きびしい表情《ひょうじょう》で　みつめていました。

玉座《ぎょくざ》に　ずっしり　こしかける王を　確認《かくにん》した廷臣《ていしん》が、　ひくい重《おも》おもしい　声音《こわね》で朗《ろう》ろうと　うたうよう　宣《の》べました。

「尊貴《そんき》なる覇者《はしゃ》　神《かみ》に愛《あい》されたユダヤの民《たみ》の庇護者《ひごしゃ》　ユダとイスラエルの統一者《とういつしゃ》　地中《ちちゅう》海《かい》と紅海《こうかい》そしてアラビア海《かい》の制海権《せいかいけん》をにぎる支配《しはい》者　ヘルモン山《さん》とタボル山そしてシナ

イ山《ざん》の峰《みね》を凌駕《りょうが》する者《もの》　神の山シオンの守護者《しゅご》　エルサレム神殿《しんでん》の再建者《さいけんしゃ》　ハスモン王《おう》家《け》の正統《せいとう》なる継承《けいしょう》者　主《しゅ》なる神《かみ》に膏《あぶら》つけられしダビデの玉座《ぎょくざ》をうけつぐ者《もの》　われらの大王《だいおう》　ヘロデ陛下《へいか》のおなり」

三人の博士《はかせ》は　すこし頭《あたま》を上《あ》げ　石段の二段《にだん》めを　見《み》ていました。石段の　岩板《がんばん》のなかに　眠《ねむ》っている石英《せきえい》が、照《て》らされる　ランプの　明《あ》かりに　めざめ　きらきら　ひかっています。花崗岩《かこうがん》の　石段は　ぜんぶで　十二段《じゅうにだん》。十三段目《じゅうさんだんめ》には　王のまします　玉座が　ありました。

なぜ　二段めを　見るのかというと、客《きゃく》が　直接《ちょくせつ》　王を　見《み》るのが　失礼《しつれい》であると案内《あんない》してくれた　内大臣が　そう　命《めい》じたからでした。

長身《ちょうしん》の　内大臣は　濃紺色《のうこんしょく》の　マントを　身《み》にまとい、もの慣《な》れた仕草《しぐさ》で　客の向《む》かって　右がわ、石段　二段めに　立《た》ち、　樫《かし》の　杖《つえ》を　コンと　ちいさく鳴《な》らしました。

「そちたちは　なにもので、いかなる　用向《ようむ》きで　わが大王に　会《あ》いに来《こ》られたのか」

おそらく長《なが》い　旅《たび》であったのでしょう。　旅塵《りょじん》にまみれた、　いちばん　歳老《お》いている白髪《しらが》の　旅《たび》びとが、　内大臣の足《あし》もとを　見ながら　おちついた口調《くちょう》で　話《はな》しはじめました。

「わが名《な》は　メルキオール。わが家系《かけい》は　ながらくペルシャ王家《おうけ》につかえ　王家の歴史《れきし》を　記録《きろく》する仕事《しごと》を　つづけてまいりました。　王に任命《にんめい》された　神聖《しんせい》なる史官《しかん》なのです」

つづけて　中年《ちゅうねん》の　黒髪《くろかみ》に白《しろ》いものが混《ま》じりはじめた　がっしりした体格《たいかく》の男《おとこ》が　話《はなし》を　引《ひ》きつぎました。

「わたしの名は　バルタザール。アテネのアカデミアに学《まな》び、古文書《こもんじょ》の解析《かいせき》　とくにいまは使《つか》われなくなった　古代文字解読《こだいもじかいどく》の　仕事をしています。ユダヤの豪商《ごうしょう》　ハビタ家《け》の援助《えんじょ》をうけ　先日《せんじつ》まで　アレキサンドリア図書館《としょかん》で　はたらいていました」

いちばん　わかい　ういういしい青年《せいねん》は　はつらつとした　はっきりした物言《ものい》いでこう　いいました。

「わたしの名は　ガスパル、天文学者《てんもんがくしゃ》です。アラビアの国《くに》　クルシュカルドで　暦《こよみ》をつくる　天文官《てんもんかん》の仕事をしています」

若者《わかもの》は　すこしほこらしげに　でもやや　恥《は》ずかしそうに、

「わたしたちは　期《き》せずして　神《かみ》さまのお告《つ》げを　うけたのです」

と、内大臣へ　いいました。

メルキオールは　それぞれの国の王から　つかわされた　旅行手形《りょこうてがた》と　推薦状《すいせんじょう》を　内大臣に　手わたしました。

内大臣は　それらを　ヘロデ王に　わたしました。

ひとつ　ひとつ　手にとって　巻物《まきもの》や　羊皮紙《ようひし》の　文書《ぶんしょ》を　確認《かくにん》した　王は　それらを　内大臣に　もどし、すっと　うなずきました。

「神のお告げとな、それはいかなる　お告げか」

メルキオールは　内大臣に　こたえました。

「全世界《ぜんせかい》を　すくわれる　救世主《きゅうせいしゅ》、太古《たいこ》の昔《むかし》より　預言《よげん》されてきた　救《すく》い主《ぬし》の　降誕《こうたん》を

神が　告げられたのです」
バルタザールと　ガスパルも　神のお告げのあったこと、天使《てんし》の呼《よ》びかけに応《おう》じて旅をし、不思議《ふしぎ》な星《ほし》に　みちびかれて　三人が出会い　ここまで　旅してきたことをこもごも　語《かた》りました。
内大臣は　旅行手形と　王の推薦状を　それぞれにかえし、もとの場所、石段二段めに　もどると　感情《かんじょう》のない　うつろな声で言いました。
「して、大王への　願いとは　なにか」
三人は　目で会話し　メルキオールが　ほんのちょっぴり　ひざでにじり寄《よ》り、一瞬《いっしゅん》でしたが　大王の顔を　あおぎました。
内大臣は　みけんにしわをよせ、メルキオールをにらみましたが、世《よ》なれた老人《ろうじん》はなにごともなかったかのように　内大臣の足もとをみました。
「大王さま　救い主は　エルサレムちかくの　ある村で　お生《う》まれになると　預言されています。どなたか　道案内《みちあんない》を　お願いしたいのです」

さきほど　メルキオールが　ちらっとみた　ヘロデ王は、　老齢《ろうれい》と苦労《くろう》からくる　しわとしみで　茶《ちゃ》いろく　顔や　うでが　染《そ》まっていました。

天井が　見えないほど高《たか》く、いくつかの彫像《ちょうぞう》が　大広間《おおひろま》を　かざっています。らいおん、とら、ぞうなどの、醜怪面妖《しゅうかいめんよう》な作品《さくひん》のほか、伝説上《でんせつじょう》の魔獣《まじゅう》　レビヤタン　ドラゴン　麒麟《きりん》などの　いまにも動《うご》きださんばかりの　奇《き》っ怪《かい》なおおきな像《ぞう》も　かざられていました。

王宮　応接間のかべは　黒曜石《こくようせき》と　うす桃《もも》いろの白《しろ》い大理石《だいりせき》が織《お》りなす　みごとな市松模様《いちまつもよう》のデザインでした。

がらんとした　空虚《くうきょ》な美《び》が　広大《こうだい》な広間を　威圧《いあつ》しています。

美《び》の探求者《たんきゅうしゃ》として　この宮殿《きゅうでん》を建《た》てた　王は、歳《とし》をかさね　老《お》いるほどに、猜疑心《さいぎしん》と嫉妬《しっと》、欲望《よくぼう》を　増《ま》していったのでした。

ヘロデ王は、ものうげに　ささやきました。

「救い主、全世界の救世主とは、……王のことか」

三人の博士は　一瞬《いっしゅん》　ぎょっとしました。

メルキオールは　独裁者《どくさいしゃ》の　精気《せいき》をうしなった　狂《くる》おしい　眼光《がんこう》を　かいま見《み》、こころの奥底《おくそこ》に　衝撃《しょうげき》を受《う》けました。

「聖書《せいしょ》が　預言《よげん》している　すべての信仰者《しんこうしゃ》を　救うお方《かた》です」

「宗教上《しゅうきょうじょう》の　指導者《しどうしゃ》、ラビの長《おさ》　祭司長《さいしちょう》　そういう人物《じんぶつ》のことか」

かさねて問《と》う　王《おう》の言葉《ことば》に　老賢者《ろうけんじゃ》が　こたえました。

「愛《あい》と信《しん》とをもって　あらゆる民を　救います。神のつかわされる　愛の使者《ししゃ》　わたしたちに　希望《きぼう》の光《ひかり》を恵《めぐ》む　聖《せい》なるお方です」

ふむ　と　鼻《はな》を鳴《な》らした王は　ため息《いき》をつきながら　うなずきました。

「陛下は　願いを　かなえると　おおせです」

「ありがたき幸《しあわ》せ」

三人の博士は　ひれ伏《ふ》し　小腰《こごし》となり　あとずさりながら、退出《たいしゅつ》をうながす　侍臣《じしん》のあとをついて　応接間を　去《さ》りました。

二

魔獣レビヤタンの像の　背後《はいご》から　ひとりの　少年《しょうねん》が　あらわれ、内大臣を見やりました。すると　内大臣は　ひゅるひゅる　へびのような　なめらかな動作《どうさ》で　玉座へ近《ちか》づき　片《かた》ひざをつき　「陛下」と　おもむろに　話しかけました。

「あの者たちが、このようなものを」

いいながら　なつめのまるい木箱《きばこ》をあけると　あたりが、宵《よい》の明星《みょうじょう》のように　輝《かがや》きました。エメラルド　サファイアなどの宝石《ほうせき》が　いっぱい　つまった　贈《おく》りものでした。

「ふむ、願いは　たしかに　かなえてやろう。おまえの　部下《ぶか》の少年、教《おし》え子《ご》が　おったであろう。やつに　道案内をさせるのだ」

「はっ」

ヘロデは　少年を　ディドモ、ふたご　と呼《よ》んでいました。

「おまえそっくりの　こころをもち、おなじ生《い》き方《かた》をしようとしている、ちがうか」

その質問《しつもん》には　こたえず、内大臣は　つぎの言葉を　待《ま》ちました。

「三人の博士が行った場所を　わしに　報告せよ。わかっておろう、救い主とは　すなわち　王なのだ。王の後継者《こうけいしゃ》となる　運命《うんめい》をもつものを　生《い》かしておいてはならぬ。ディドモに　復命《ふくめい》させよ、その赤《あか》ん坊《ぼう》を　殺《ころ》すのだ」

「博士たちは」

目をふせたまま　内大臣が　たずねました。

「この宝石に免《めん》じて　生《い》かして　帰国《きこく》させよう。よいか、三人の博士が　国境《こっきょう》を出《で》てから　赤ん坊を　始末《しまつ》するのだ」

表情《ひょうじょう》をかえず、内大臣は　ほそ長いごまひげに　おおわれた口もとを　ひきむすび「はっ」と　こたえました。

「救い主とは　いったい何ものか。世界中の国々を征服《せいふく》し　あらゆる民を支配下《しはいか》に置《お》き森羅万象《しんらばんしょう》を司《つかさど》り、金銀財宝《きんぎんざいほう》で府庫《ふこ》を満《み》たす、この地上《ちじょう》　最強《さいきょう》の権力者《けんりょくしゃ》　最高《さいこう》の叡智《えいち》　全《ぜん》

能《のう》の皇帝《こうてい》を　救い主というのか。この　王であるわしを　超《こ》える存在《そんざい》か。ならば　殺《ころ》すしかない。わしの　栄華《えいが》を　うばうものは　生かしてはおけぬ。わしを　おびやかすものは　親子《おやこ》ともども　根《ね》こそぎ　抹殺《まっさつ》するのだ」

王は　なつめの木箱から　三《み》つぶの　ブルートパーズを　内大臣に手わたし、「金にいとめはつけぬ。いつものように、な」と　いいました。

玉座より　立ち上がり、侍臣のささげもつ　宝石を散《ち》りばめた　銀《ぎん》の王笏《おうしゃく》を手にすると　王は、ツンドラの樹氷《じゅひょう》のごとき　冷笑《れいしょう》を　ほおに　はりつけたまま　あゆみ去《さ》りました。

すると　黒《くろ》い働《はたら》きアリの　一群《いちぐん》が　女王《じょうおう》アリを　守《まも》るかのように、親衛兵が　足音《あしおと》もひそやかに　王のまわりを固《かた》め　流《なが》れていきました。軍装《ぐんそう》の布《きぬ》ずれ、刀槍《とうそう》のかすかに打《う》ちあたる残響《ざんきょう》、兵士《へいし》の呼吸《いき》が　威圧感《いあつかん》となり、大広間《おおひろま》に　重《おも》たく　のこったままでした。

三

内大臣は　靴音《くつおと》もたてず　石段をさっと　下《お》りました。

「ディドモ」

レビヤタンのそばにいた　少年が、　これまた　斜面《しゃめん》をすべるかのように　すーと
やってきました。

「わたしが　指示《しじ》したように　すべて　はからっておろうな」

「はい、　三人の博士と従者《じゅうしゃ》には　宿舎《しゅくしゃ》をあてがい、　荷送用《にそうよう》の馬《うま》やろば、らくだにも
飼《か》い葉《ば》と飼料《しりょう》を　準備《じゅんび》しました」

「大王様の　ご命令《めいれい》も　しっかり　きいたな」

「おまかせください。万事《ばんじ》　おおせのままに」

ヘロデ王は　これは　と見込《みこ》んだものには　あだ名《な》をつけました。

内大臣の部下の　少年には　ディドモ　と、内大臣を　ヘルヴィム　と　呼んでいました。ヘルヴィムとは　全身《ぜんしん》が　目におおわれた　天使、神の使いです。

ヘロデは　情報収集《じょうほうしゅうしゅう》と分析力《ぶんせきりょく》のすごさ、観察力《かんさつりょく》と洞察力《どうさつりょく》、計画性《けいかくせい》と先見力《せんけんりょく》、読《よ》みの的確《てきかく》さを買《か》っています。背中《せなか》にも目のある不可思議《ふかしぎ》な存在《そんざい》であり　忠誠心《ちゅうせいしん》の高《たか》さから　内大臣《ないだいじん》を　ヘルヴィムと　呼《よ》んでいるのです。神の使いを　尊敬《そんけい》しているから　ヘルヴィムと　名づけたわけでは　ありません。

「そろそろかな」

内大臣は　うそぶきました。

「そろそろとは」

「つかえるにふさわしい君主《くんしゅ》を　えらびそこなった、そういうことだ」

察《さっ》しのよすぎる　少年は、うなずきました。

家がまずしくて　ある学者の内弟子《うちでし》として　奉公《ほうこう》に出《だ》されていた　少年は、暴力《ぼうりょく》暴言《ぼうげん》の先生と　ひどいイジメをする　兄弟子《あにでし》に　あいそをつかし、着《き》の身着《みき》のまま家出《いえで》をし、旅先の空の下《もと》、師匠《ししょう》となる男《おとこ》に出会いました。

以来《いらい》、男は　自分のことを「ラビ、お師匠さま」と呼《よ》ばせ、ヘロデ王につかえるようになってからは、そのときの職名《しょくめい》、肩書《かたが》きで　自分のことを呼《よ》ばせていました。

それゆえ、男は　いまだかつて　自分の名前を名のらず、少年も「おまえ」とか「ぼうず」と呼ばれ、いまは　ヘロデのつけた　あだ名　ディドモ　と呼ばれています。

「わたしの　知恵《ちえ》　才《さい》　能力《のうりょく》、わたしの　タレントを　真《しん》に活《い》かせる　君主と出会い、その君主に　天下《てんか》の経営《けいえい》をさせてみたい。わたしは　偉大《いだい》なる王の　手足《てあし》、右腕《みぎうで》、そう謀臣《ぼうしん》　になりたかったのだ」

「お師匠さまの見こんだ　偉大なる君主が、たんなる　赤ん坊ごろし、保身《ほしん》と栄達《えいたつ》のために　子どもを殺《ころ》すだけの　小心者《しょうしんもの》だとは」

少年が　おませな口《くち》ぶりで　かおを　しかめました。

「これ　そのようなことは　申《もう》すな。かべに　耳《みみ》ありだ」

少年は　こくりと　うなずきました。

内大臣は　女性《じょせい》のような　やわらかな　薄《うす》さくら色《いろ》のてのひらに、小指《こゆび》のつめほどの　ひかりかがやく　ブルートパーズみっつを　ころがしています。

「ここでの　さいごの仕事だ」

少年が　ひっそり　わらいました。

「お師匠さま　あなたは、あの　三人の博士と　同じですね」

内大臣は　少年にしか　みせない　あどけない笑顔《えがお》をしています。

「おもしろいことをいう」

「ありえないもの　発見《はっけん》できないもの、奇蹟《きせき》を　もとめています」

内大臣は　少年の　本音《ほんね》をきいて　ますます　興《きょう》をおぼえました。

「信《しん》じられるのは　わたしたち　ふたりだけだ。わかるな、ヘロデ大王には　すきを　みせるな。合《あ》い言葉《ことば》を　わすれるな」

「疑《うたが》うことから　すべてが　はじまる。うたがえ、信《しん》じなくてよい」

「信じなければ　裏切《うらぎ》られない。わたし以外《いがい》のものに　こころをゆるすな」

「はい」

「わたしが　段《だん》どりを　つける。あとで　知らせる。それまでは　三人の博士の　お供《とも》をし、世の救い主であるという　赤ん坊のいる場所まで　三人の博士に　案内をさせるのだ。よいな」

三人の博士のいる　宿舎へ向かうため、少年は　肩で　風をきり　いそぎ足に　あるいていきました。

四

つるべ落《お》としの夕陽《ゆうひ》が　西《にし》の　ひくい山《やま》なみに　すいこまれました。
青《あお》じろい　かすみのかかった　冬《ふゆ》の夜《よ》ぞらに、つぶの大《おお》きな　こな雪《ゆき》が　はらはら舞《ま》い降《お》りていきます。
こな雪が　目にはいると　ぴりぴり　痛《いた》いので、少年は　右うでをあてて　目をかくしながら、　三人の博士の　石造《いしづく》りの宿舎《しゅくしゃ》の　扉《とびら》をくぐりました。
三人の博士は　暖炉《だんろ》のある部屋《へや》で　くつろいでいます。
少年は　左うででしっかり　だきかかえていた　革《かわ》ぶくろから　固《かた》パンと赤《あか》ぶどう酒《しゅ》をとりだし　博士たちに　くばりました。
「ありがとう。供のものにも　パンを　くばってくれましたか」
老賢者《ろうけんじゃ》　メルキオールが　目もとをゆるめ　ほほ笑《え》みました。
ディドモが　はいと　返事《へんじ》しました。
熟年《じゅくねん》の賢者《けんじゃ》　バルタザールが　空《そら》の状態《じょうたい》を　たずねました。
少年が　こたえました。
「夜空には　かすみがかかり　粉雪《こなゆき》が舞っています。星《ほし》は　かすかにしか　見えません」
バルタザールが　手《て》にパンをもち　腰《こし》をあげました。ぶ厚《あつ》い　革の外套《がいとう》に身《み》をつつみマフラーを　くびに　まきました。
「メルキオール、ガスパル、わたしが　パンを食《た》べながら　外《そと》をみよう。星《ほし》がでたら　知らせる。供のものにも　すぐ出発《しゅっぱつ》できるよう　手配《てはい》しておく」

バルタザールが、外へでていくと、青年ガスパルが　自分よりいくつか　わかい　少年ディドモに　話しかけました。

「あれは　だれかが　楽器を　ならしているのかい。あの　大広間のどこかに　楽器をもった　演奏者《えんそうしゃ》が　隠《かく》れているんだろう」

ディドモは　むじゃきな　質問《しつもん》に　ほくそえみました。

「ガスパルは……、ああ　そうだ　この青年《せいねん》はガスパル、さっき外へ行った博士は　バルタザール」

「そして　あなたは　メルキオールですね」

うなずいた老賢者は　「わかいガスパルは　石段の音に　興味津々《きょうみしんしん》なのだ」と　話しました。ディドモは　くすりと　しろい歯《は》をみせました。

「謁見の間に　楽人はいません。もちろん　特別《とくべつ》なお客人《きゃくじん》のときや　将軍《しょうぐん》を顕彰《けんしょう》する謁見のときに　軍楽隊《ぐんがくたい》のラッパ　ファンファーレが　演奏《えんそう》されるときがあります。　でもさきほどの謁見の間に　楽人はいません」
「それでは　あれは　ソロモン王の宮殿にあったという　演奏する石段の　複製《ふくせい》なのか」
「ヘロデ大王さまは　そうおっしゃっています。でも　お師匠さまがいうには　あれでは　まだまだ　ソロモンの知恵《ちえ》には　たどりつけないとのことです」
ガスパルは　感心《かんしん》し「あの石段の仕組《しく》みを　調査《ちょうさ》したいものだ」といいました。ガスパルが　言葉を　かさねました。
「お師匠さまとは　案内してくださった　あのお方か。たどりつけない　とは　どういうことかね」
「そうです、お師匠さまは　内大臣です。たどりつけないとは　ソロモン王の宮殿の石段は　もっと複雑《ふくざつ》な音階《おんかい》　メロディを　かなでていたという　お話なのです」
ガスパルは　うで組《ぐ》みし「さもありなん」とあごをひきました。
少年は　老賢者に「おたずねしてよろしいですか」と　いいました。
メルキオールは　目で　話をうながしました。

「ほんとうに　大昔に預言されていた　世界の救世主　救い主が　エルサレムちかくの村に生まれると　信じているのですか」

メルキオールは　白《しろ》いあごひげを　しごきながら　深《ふか》くうなずきました。

「ほんとうに　うたがいなく」

「うたがいなく　そう信じておる」

「だまされている　そう感じ　疑問《ぎもん》に思《おも》ったことが　ありませんか」

ガスパルは「信じているから　ここにきたんです」と　いいました。

「うたがったことがないとは　信じられません。疑うことから　すべてがはじまる、そういう人生を　生きてきました。　神に　あるいは人に　裏切られる　それは　ぜったいに　ないのですか」

メルキオールは　深緑《ふかみどり》いろの眸《ひとみ》を　やさしく　少年に　むけました。

「学者は　これは　ほんとうのことかと　疑問をもつことから　学問《がくもん》を　研究《けんきゅう》を　はじめる。判断材料《はんだんざいりょう》をあつめ　仮説《かせつ》を立《た》てる。　真実《しんじつ》は　真理《しんり》は　いずこにあるのかと　道《みち》

なき道を　旅する。いつか　到達《とうたつ》できる場所を　信じていなければ　あゆみつづけることなど　到底《とうてい》　できないのだ」

「では　はじめから　さいごまで　じぶんと　神さまを　信じると」

「正しい疑問をもつことと　わがままや　じぶんの欲望《よくぼう》から　神と人とを　うたがうこと　これは　ちがう。そう思わないか」

透徹《とうてつ》した　なにもかも見とおすような　老賢者の眼ざしに　少年は　たじろぎました。

その眼光《がんこう》、口調《くちょう》、心《こころ》の底《そこ》に秘《ひ》めた思《おも》いは、師匠である内大臣とは、質量《しつりょう》の異《こと》なるものでした。

いきなり　扉が　勢《いきお》いよくひらきました。

バルタザールが　興奮《こうふん》をおさえ　かすれた　強《つよ》いことばで　いいました。

「みちびきの星が　あらわれた、さあ　出発だ」

メルキオールが、おおきな温《あたた》かなてのひらで　ゆったり　少年の肩《かた》を包《つつ》みました。

「少年よ、いっしょにいこう。道案内をしておくれ」

少年は　老賢者の　てのひらのぬくもりを感じると　なぜか　胸が熱くなり　こころがふるえ　ときめきました。

五

三人の博士の一行は　星にみちびかれて　あゆんでいきます。
いつしか　紺碧《こんぺき》の夜空には　かぞえきれない星がまたたき、木枯《こが》らしにまぎれたこな雪が　星の光を浴《あ》びながら　ほろほろ舞っています。
天《てん》の高《たか》みは　西風《にしかぜ》がひどく　吹《ふ》き荒《あ》れているのでしょうか。しろい　ちぎれ雲《ぐも》がときおり　みちびきの星のひかりを　さえぎりました。
博士たちが言《い》うには　道《みち》の選択《せんたく》をまちがうと　みちびきの星が　見えなくなる　ということでした。正しい道をえらぶと　星が　あらわれるというのです。
みちびきの星が　見えない　そういう　供のものがいました。こんなに　長時間《ちょうじかん》博士と旅をしているのに　かれには　神の星が見えないというのです。
ところが　博士一行の先頭《せんとう》をゆく　少年ディドモには、　みちびきの星が　みえました。とても　なつかしい気がする　星の光でした。
どこかで　見た星。
理由《りゆう》は　わかりませんが、星がおしえてくれるというよりも　少年の　あゆむ方角《ほうがく》の道を　先まわりしている　星が照《て》らしだしている　という感《かん》じなのです。
少年は　知りませんでしたが、　ディドモを　つけている　影《かげ》のような一団《いちだん》がいました。そうです、疑《うたぐ》りぶかいヘロデ王が、数人《すうにん》の追跡者《ついせきしゃ》　追《お》っ手《て》を　さしむけていたのです。
でも　かれらは　道に迷《まよ》いました。
少年と　博士たちに　追いつこうと　けん命《めい》に　すすんだのですが、　みちびきの星が　夜空のどこにあるのか　まったくわからなくなり、やがて博士一行の姿《すがた》も　見失《みうしな》い、荒地《あれち》と　牧場《まきば》の入《い》りくむ　路地《ろじ》に立《た》ち往生《おうじょう》、　迷子《まいご》になってしまいました。

奇妙なことに　ヘロデ王の追っ手が　汗だく　へとへとになって、出発《しゅっぱつ》した宮殿《きゅうでん》のうら口《ぐち》に　深夜《しんや》　帰《かえ》りついたとき、少年と博士一行は　みちびきの星に照らしだされた　村はずれの　ひと隅《すみ》に　たどりつきました。
木製《もくせい》の馬小屋《うまごや》ではなく、ちいさな山に　自然《しぜん》に空《あ》いている　洞窟《どうくつ》でした。ほら穴《あな》の出入《でい》り口《ぐち》には　何枚《なんまい》もの　毛布《もうふ》がぶらさがり　寒風《かんぷう》の侵入《しんにゅう》を　ふせいでいました。

そこは　ベツレヘムの旅館《りょかん》のあるじが　所有《しょゆう》している馬小屋でした。
なかは　思《おも》いのほかひろく、ランプの灯《あか》りが　洞内《どうない》におかれた　飼《か》い葉《ば》ぶねを　照《て》らしだしています。
わらのベッドに　すやすや　ねむっているのは　生《う》まれたばかりの　かわいらしい赤《あか》ちゃん。かこむように　父《ちち》ヨセフ　母《はは》マリアが　たたずんでいました。そのまわりにはろばと牛《うし》　数羽《すうわ》のにわとりもいました。
三人の博士は　うやうやしく　ひれ伏《ふ》し、救《すく》い主《ぬし》の　誕生《たんじょう》を　祝《いわ》います。

ヨセフが　礼《れい》をのべ、　いっしょにやってきた　供のもの　らくだと馬　ろばのすべてを　馬小屋へいれるよう　すすめました。
ヨセフは　みずから　ほら穴《あな》の入《い》り口《ぐち》の毛布《もうふ》をおしのけ、　つぎつぎに　お供《とも》のひとらくだ　ろばなどを　なかへ入《い》れました。
そこへ　別《べつ》の少年が　やってきました。　マルコという少年の　手《て》にした袋《ふくろ》には　赤《あか》ぶどう酒《しゅ》と　焼《や》きたてのパンがはいっています。
つづいて入《はい》って来《き》たのは、父親《ちちおや》とともに　母《はは》ひつじと　子羊《こひつじ》をたずさえてきた　少年でした。かれらも　ほら穴に　はいりました。
さいごに　はいったのが　ディドモでした。
ディドモは、このちいさな洞窟、馬小屋に　あふれんばかりの　家畜《かちく》と人《ひと》が　入《はい》っているにもかかわらず、なお　くつろげる空間《くうかん》の広がっていることを　知《し》りました。
無限《むげん》のやわらぎ、しなやかな神《かみ》の息《いき》が　あたりを潤《うるお》しています。
おまけに　ランプは　ひとつしかないのに、　洞内《どうない》のすべてのひと　家畜の顔《かお》が生《い》き

生《い》きとして　見わたせ、暖《あたた》かな　光に　満《み》ちていることに　感動《かんどう》しました。
ヘロデ王の宮殿　あの贅《ぜい》を尽《つ》くし　不必要《ふひつよう》なほど　ひろく大《おお》きい、王の親衛兵が光《ひか》る槍《やり》の穂先《ほさき》を　ずらり　ならべている　謁見の間と、この　生《う》まれたての赤ちゃん救い主をかこむ　ささやかな信仰者の　あつまりの　なんという　ちがい。
「この　不思議な光、暖かさは　いったい何なのだろう」
救い主イエスと　神の母マリアの庇護者《ひごしゃ》　ヨセフは、よろこびの笑顔《えがお》を　うかべ、ひざまずくと　両《りょう》うでをあげ　天にむけ　神に祈《いの》りはじめました。
幼子《おさなご》をだいた　母マリアが、幸《しあわ》せそうに　みんなを　見守《みまも》っています。
メルキオールは、つつみから黄金《おうごん》をとりだし　ささげます。
バルタザールは、乳香《にゅうこう》をたきました。ばらの花のような　甘《あま》い　芳香《ほうこう》が　洞内《どうない》いっぱい　白《しろ》い綿雲《わたぐも》のように　ゆるやかに　ひろがりました。
ガスパルは、没薬《もつやく》。没薬は　葬《ほうむ》りの準備《じゅんび》につかう、香薬《こうやく》でした。それからガスパルは、産着《うぶぎ》とベールなどをとりだし　母《はは》マリアにささげました。

少年マルコは、焼きたてパンと赤ぶどう酒を　ささげました。
すると　ヨセフが　パンとぶどう酒を祝福《しゅくふく》し、　みんなに　わけあたえました。　みんなは　パンとぶどう酒を　いただき、身《み》も　こころも　満足《まんぞく》しました。
父子《ちちこ》は　生まれたての子羊を　ささげました。子羊は　ねむたげに　メェと鳴《な》くと、母ひつじの乳《ちち》を　吸《す》いはじめました。
なんという　穏《おだ》やかな時間《じかん》。
生命《いのち》の　ぬくもり　優《やさ》しさ　いたわり。
愛《あい》を知《し》らない　ディドモは　にわかに　緊張し　ふるえました。
じぶんには　贈《おく》りものがない、そう思《おも》いました。
が、どこかから　祝福の歌声《うたごえ》が　聞《き》こえてきたように　感じました。
天使《てんし》の歌う　祝讃歌《しゅくさんか》でした。
ディドモは　知らぬまに　ひざまずき、　目《め》をとじました。　初《はじ》めてきく　海鳴《うみな》りのように　静《しず》かに波《なみ》うち　ひびきわたる　鼓動《こどう》、天使の唱和《しょうわ》する聖歌《せいか》に　耳《みみ》を澄《す》ませていました。

ふと　じぶんを　呼《よ》ぶ声がしたように感じ、立ち上がり　外へ出ました。

あれほど　きつかった　手あしの節《ふし》ぶしまで　疼痛《とうつう》を感《かん》じさせる　凍《い》てつく風は　やんでいます。雲を　ちぎっては　吹き飛ばしていた　夜空は、おだやかに晴《は》れ　満天《まんてん》の星空《ほしぞら》となっていました。

みちびきの星の光る　かなたから、その声が　ささやいてきます。

「かれらを　助《たす》け　まもりなさい」

ディドモは　信じられない思いで　あたりを　見まわしました。

「博士たちを　ヘロデに　会わせてはいけない。ヘロデの　宮殿に　博士らを　連れ帰っては　ならない。救い主　幼子の居場所《いばしょ》を　ヘロデに　おしえてはならない」

ディドモは　両うでをさしあげ　天にむかい　いいました。

「あなたは　だれですか。天使なのですか　神さまなのですか」

「聖《せい》なる家族《かぞく》を　エジプトへ　旅《たび》だたせよ」

ディドモは、氷結《ひょうけつ》した雪野原に　ひとり立ち、星の　光に　うたれていました。

「おまえは　いつの日にか、洗礼《せんれい》を受《う》ける。ディドモと　もう呼《よ》ばれることはない。新《あら》たな　神の命《めい》ずる名《な》を　名のる日がくる」

少年は　おどろき　もはや言葉《ことば》もありません。

ずいぶん時がたってから、洗礼とは　何のことだろうかと　反問《はんもん》するのですが、このいまの瞬間《しゅんかん》は、はじめての体験《たいけん》に　どうしていいのか　わからなくなっていました。

「おまえが　救い主にささげる　贈りものは、疑《うたが》わずして　信じるという　生《い》き方《かた》なのだ。見ずして　信じるものは　幸《さいわ》いなり、この言葉を　思いおこす日が　きっとくる」

ディドモは　両うでをおろし、茫然《ぼうぜん》と　たちすくみました。

「来《き》たるべき日　おまえは　トマスと　呼ばれるであろう」

みちびきの星は、白《しら》みはじめた東《ひがし》の空へ　流《なが》れ星《ぼし》のように　去《さ》りゆきました。ささやく声も　夜明《よあ》けの空に　溶《と》けこみ、ディドモは　意《い》を決《けっ》して　博士たちに　いそぎ旅立《だ》つよう　告《つ》げるため、ほら穴《あな》に　はいりました。

六

まばらにはえている　雑木林《ぞうきばやし》のなかに　いまは　つかわれない　人通《ひとどお》りのめったにない　ローマ街道《かいどう》が　ありました。

どうしてローマ街道なのか　わかるのかというと　その昔《むかし》　ひとが手を尽《つ》くし、整備《せいび》したあとが　みられるからです。年月《ねんげつ》がたち　古《ふる》い石畳《いしだたみ》があちこち傾《かたむ》き　ひび割《わ》れています。街道沿《ぞ》いに植《う》えられ　枯《か》れずに育《そだ》った　おおきな糸杉《いとすぎ》の照《て》らしだす　幽玄《ゆうげん》とした木《き》の影《かげ》　まばらな列《れつ》が　そう　おしえてくれるのです。

行く道のさきに　乳色《ちちいろ》のかすみが　たゆたい、丘《おか》のうえに　三人の博士がさしかかりました。

ディドモが、

「ここから先は安全《あんぜん》です、さあ　おゆきください」

と博士たちに　いいました。

メルキオール、バルタザール、ガスパルが　ディドモのところへ　あつまりました。

メルキオールが　親《した》しみをこめ　いいました。

「救い主　赤ちゃん、聖なる家族を　どうか　まもってください」

ほかの　ふたりの博士も　やわらかい笑顔で　うなずきました。

ディドモは　言葉がでず　ひとりひとり　博士の目を見つめました。

バルタザールが、

「いつの日にか、また　会おう」

そう言うと、ガスパルが、問《と》いかけました。

「ところで　あなたの名前《なまえ》は」

ディドモ　といいかけた口を閉《と》じ、少年が　いいました。

「いまの名前は　おしえられません」

博士たちは　なぞのような返事《へんじ》の　そのさきを期待《きたい》しました。

「トマス　その日　再会《さいかい》のときの名前は　神さまが　恵《めぐ》まれる名前　トマス　です」

メルキオールは　灰色《はいいろ》のまつげを　しずかにゆらし、「良い名だ」といったあと、万《ばん》感《かん》の思いをこめ、言《い》いました。

「さらばじゃ」

三人の博士　一行は　朝陽《あさひ》にかがやく　乳白色《にゅうはくしょく》の　もやにつつまれ　東へ　しずしずあゆみ去っていきました。

七

「博士たちは　行ったか」

あの馬小屋　洞窟に待っている　聖なる家族のもとへ　いそぎ　走りもどるため　ふりかえった　ディドモは、びっくりしました。

数歩《すうほ》　目の前に、背後《はいご》にも無数《むすう》の眼《め》をもつ男　ヘルヴィム　内大臣が、不機嫌《ふきげん》そう

な顔色で　ディドモを　にらんでいました。

少年は　狼狽《ろうばい》しました。なんと答《こた》えたらいいのか　わかりません。

「不思議な霧《きり》だ。博士たちが　逃《に》げるとすれば　ディドモの知《し》っている　この旧《きゅう》街道をいくに　ちがいないとふんで　わたしは　追いかけてきた。しかし　ふしぎな霧に　はばまれた。わたしは　どこをあゆんでいるのか、道もわからず　手さぐりで　ここまできた。ところが　行く方向《ほうこう》が　ほのかに明《あか》るく光《ひか》りだした。光る霧にみちびかれ　おまえのところへきた」

「お師匠さま」

願いをこめ　思いをこめて　ディドモは　内大臣を　直視《ちょくし》しました。

内大臣は　博士たちの去った方角を見、ディドモに背をみせました。

「行くがよい。あとのことは　まかせろ」

「よいのですか。ヘロデ大王さまへの　復命《ふくめい》は」

「わたしが　うまく　とり計《はか》らおう」

「そんなことをしたら」

「ふむ　わたしを　だれだと思うのか。不可能《ふかのう》を　可能にする男だ」

　それにしても、といいつつ　内大臣は　ため息をつきました。

「まさか、おまえに裏切《うらぎ》られるとは、な」

　そういわれたディドモは、いい返《かえ》さず　頭《あたま》を下《さ》げました。

「お師匠さま　信じることから　すべてがはじまる生き方のあることを　わたしは　知りました」

「愛《あい》は　偽善《ぎぜん》だ。希望《きぼう》は　うそだ。疑うことから　はじまることを　わすれるな」

　ディドモは　頭をあげると　うれしそうに　笑いました。

「でもわたしは　うたがうのではなく、疑問《ぎもん》をもち　探究《たんきゅう》することは　やめません。疑問を　解明《かいめい》する　生き方を　つらぬきます」

　内大臣は　こたえました。

「では　わが才能《さいのう》の　すべてを　つぎこめる　偉大《いだい》な君主《くんしゅ》を　さがすことを　わたしも

やめない。さあ、行って　聖なる家族を　救い主を　助けるがよい」
内大臣は　ディドモの姿が　ふしぎな霧のなかに　消え去るのを　みました。
すると　霧のなかから　少年の　声がしました。
「こんど　お師匠さまに　お会いするとき　きっと　ずいぶん先のことですが、わたしは変《か》わっています。わが名はトマス　です」
内大臣は　少年の　走り去る足音《あしおと》が　きこえなくなるまで　そこに　立っていました。
ふしぎな霧が晴れてゆき　お陽《ひ》さまが　東の空をのぼりゆく　光景《こうけい》を　遠望《えんぼう》した　内大臣は、ヘロデ王の待つ　宮殿へ　ゆっくり　あるいていきました。

闇のなかの小さな光

アナスタシア 山崎 佳代子

ここに収められた七つの小品は、イエス・キリスト（イイスス・ハリストス）の降誕をめぐるお話です。クリスマスといえば、ヨセフ（イオシフ）とマリアに見守られ、幼子イエスが飼葉桶ですやすや眠る情景をみなさんは思い起こすことでしょう。欧米の都市や日本でも、クリスマス・ツリー、クリスマス・ケーキ、ジングル・ベル、サンタクロースやプレゼントなど、十二月はお祭り気分に満ちています。新約聖書にはマタイ伝とルカ伝が、救世主の降誕を記していますが、本書は聖書物語のように、クリスマスの出来事を語るのではありません。寓話や童話の形をとり、救い主の降誕という出来事をとおして、生きることの意味とは何かを、現代に生きるあなたに問いかけています。

最初の作品「**イエスを助けたクモ**」は、楽しいお話ではありません。「ユダヤの王」

の誕生によって自分の地位が脅かされると恐れたヘロデ王が、幼子イエスを殺すため、ベツレヘムとその周辺で、二歳以下の男の子を数千人殺害するという惨劇で始まります。つい数日前に、東方から来た三人の博士たちに祝福され、黄金、没薬などの贈り物をささげられ、幼子イエスの誕生を祝ったばかりの聖家族は、天使のお告げにより、ヘロデ王の兵士から逃れるためロバに乗ってエジプトへ避難することになりました。

ヘロデ王の兵士に追われる家族を救ったのは、クモの糸です。東方教会に伝わる民間伝承を縦糸に、マタイ伝の第二章を織り込んで、救い主イエスの降誕には、無数の男の子の犠牲があったことが記されます。権力欲と金銭欲の象徴であるヘロデ王と、無垢なる救い主、幼子イエスを守る聖家族があざやかに対比され、冬の朝陽のなかでお話は終わります。

続く五つの作品はいずれも、本書の終りの「**わかき日のトマス**」に何らかの形でつながっていきます。

「乳香の木」は、孤独な老木が主人公です。冬の日に、孤独な老木は、三人の博士とらくだの暖をとるための薪となり、さらに樹液からとられる乳香を贈ります。最後に、この乳香は博士たちの手でイエスにささげられます。犠牲という愛の喜びが主題となっています。聖書にも記される乳香は、正教会の奉神礼（典礼）をはじめ炉儀《ろぎ》には欠かせません。鈴のような音をたてて振り香炉が振られると、聖堂は乳香の香りに満たされます。人間の命の意味は、地上だけでは終わらず、犠牲によって死後も豊かな意味があることを示すお話で、日本的な四季の巡りが背景におかれています。

「みちびきの星」は、ノアの箱舟、ソドムとゴモラをはじめ創世記のお話が織り込まれて、悪や人間の欲望が主題となっています。星は、ダビデの不義から生まれた赤子の死を照らさなくてはなりませんでした。しかし神は、地上に救い主をつかわす決意をすると、星に新しい役を命じます。それは三人の博士をみちびくという喜びあふれる役目でした。神の意志をとおして、人生の意味が悲しみから喜びに変容することが示されています。

「パン焼きのマルコ」は、ベツレヘムの町が舞台です。祖父母はマルコに愛を注ぎ、パン焼きがまと水路を作り、葡萄の酵母を手に入れて孫に贈ります。残念なことに祖父母は亡くなりますが、パンが上手に焼けるようになったマルコは、三人の博士の後を急ぎ、幼子イエスにパンと葡萄酒を贈りとどけます。ここでもパンをとおして、他者のために生きる犠牲と喜びが伝えられています。

「ひつじの子もり歌」には、貧しい家族の少年とめひつじが登場します。なかなかこひつじを産まないのを家族は苦々しく思っていましたが、救い主の誕生を告げ知らせる天使の声に父は感動し、星の光に照らし出された洞窟を指さします。父は、めひつじに対する少年の愛がやっとわかったのです。こひつじは、救い主のための贈り物になりました。金銭では測れない命の豊かさを語るお話です。

「**黄金**」は、不思議な能力を持つ山師と呼ばれる男の物語です。山師はペルシャ王にまばゆく輝く宝石を売ろうとしますが、欲張りな王は巨大な真珠を求めます。苦労の末に真珠を手にいれ、王にとどけましたが、宴会では、森林を燃やして焼き上げた身重の母鹿の丸焼きが振る舞われ、山師は胸の痛みを覚えて王宮を去ります。そのあと金も銀も求めぬ清純な娘と結ばれて、金銀宝石ではなく愛こそが最も大切なのだと悟りました。しかし、難産のため妻も赤子も死んでしまいます。その後、ひとりぼっちの山師を三人の博士が訪ねてきました。山師は産着と黄金を、幼子イエスへのささげものとして贈ります。ここでも命の永遠、ささげることの喜びが主題となっています。

最後のお話「**わかき日のトマス**」には、六つのお話が流れこみます。六つのお話の登場人物たちが、それぞれの形で降誕を祝う輪に加わるのです。トマス（フォマ）は、イエス・キリストの十二弟子のひとりで、かつてはディドモと呼ばれ、ヨハネ福音書二十章の記述がよく知られています。イエスが復活したあと、「あの方の手に釘の跡を見、この指を釘跡に入れて見なければ」信じないと言ったと記され、八日の後、イエスはトマスに「見ないのに信じる人は、幸いである」と語っています。ヘロデ王に仕える内大臣を師匠とするディドモは、三人の博士の道案内を託されました。博士ガスパルたちと語り合い、救い主の降誕の喜びを目の当たりにしたディドモは、疑うことではなく信じることが大切だと知り、疑うことの大切さを諭した師匠と別れて王宮を去ります。疑いと研究心の違いを述べる言葉は、現代に生きる人の胸にもひびくでしょう。

この本の作者は、京都ハリストス正教会の長司祭であるパウェル及川 信神父です。これまでも『ろば物語』（燦葉出版社、1996）、『ギリシャ正教中世物語集　破門審問』（新世社、2003）、『ギリシャ正教中世歴史譚　馬飼聖者《うまかいせいじゃ》』（サンパウロ、2008）、『神父になったサムライ　正教会の歴史論考』（日本ハリストス正教会教団 西日本主教教区、2018）など、正教（東方教会）についてわかりやすく伝える数多くの書物を著わしています。教会の奉神礼（典礼）で、及川神父の明快でかつ深いお話を聴く機会があった方もいらっしゃるでしょう。

キリスト教は、いくつかの教義の違いなどから十一世紀に東西に分裂し、ローマ教皇を頂点とする西方教会（カトリック）と、合議制を重んじビザンティン文化圏を中心とした東方教会に分かれて発展しました。今日、東方教会は、正教会、またはオーソドックスとも呼ばれていますが、ここに属するのは、ギリシャ正教会、ロシア正教会、ブルガリア正教会、セルビア正教会などです。正教では国ごとに独立した教会組織を具することになっていますが、教義は共通です。

日本には一八六一年、ロシアのニコライ・カサートキンによって正教の教えがもたらされました。明治期の近代化の過程でも、建築様式、合唱音楽、イコンを中心とする教会美術などが、日本に伝えられています。東京都千代田区神田駿河台の東京復活大聖堂は、ビザンティン様式の建築でニコライ堂と呼ばれ人々に親しまれていますし、京都ハリストス正教会の生神女福音聖堂《しょうしんじょふくいん》は日本におけるビザンティン様式の木造建築物として京都市指定文化財とされています。また日本各地にある正教会には、日本初のイコン作家山下りん（1857 - 1939）の制作した数々のイコンを見ることができます。

しかし、今は東西の教義の違いを語るのではなく、本書に集められたお話をてがかりにして、救い主の降誕という出来事が放つ光を感じていただけたらと思います。

正教会が神を介してもたらす恵みのひとつは、人の輪のあたたかさでしょう。それは、「わかき日のトマス」に描かれた、聖家族を囲む仲間たちの輪にも見ることができます。一人ひとりの違いを尊重しつつも共同体を大切にする正教の精神は、本書のお話に刻まれています。正教を伝統とする国々を旅するとき、人の輪のぬくもりをきっと体感できるでしょうし、欧米の個人主義にはない、素朴で自然な人間関係は、たいせつな旅の思い出となるでしょう。時間の流れがゆるやかで人の輪が大切にされていた、ひと昔まえの日本を思い出す人もあるかもしれません。

三人の博士は、本書の大切な登場人物であり、旅人でした。芭蕉も人生を旅にたとえましたが、正教会でも人生はよく旅になぞらえます。最初のクモのお話にもあったように、厳しい時こそ、旅先での人々の善意がいっそう身に沁みます。また不幸が身に迫り、救いがないと思えるときこそ、希望の光は闇により鮮やかに輝くのです。洞穴のような馬小屋で降誕した幼子イエスは、ちいさな光をもたらしました。大人になったイエスも旅人でした。旅の中で、多くの者の病を癒し、飢えと渇きから人々を救いましたが、最後は十字架に架けられて、三日後に復活します。この復活が成就するために、降誕という準備があります。七つのお話は、その大いなる準備についての物語なのです。三人の博士たちといっしょに、あなたもクリスマスへの旅をはじめてみませんか。

二〇二一年六月二十日

聖神降臨祭（五旬節）のベオグラードにて

あとがき

この本に掲載された聖書の言葉は、日本聖書協会の「新共同訳」と「口語訳」聖書を参考にしています。

祈祷文は、日本正教会の祈祷書を参考にしていますが、作品の内容に合わせて、すこし変えているものがあります。また物語は正教会の聖なる伝承にちなんでいる作品もありますが、そのほとんどが作者の創作であることをご理解ください。この物語を読まれた皆様へ、正教会の信仰の豊かさ、温かさ、優しさそして愛情が伝わりますように。

皆様のご協力によって、この本が創られました。わたしの物語には欠かせない挿絵をいつも画いてくださる聖像画家エウゲニア白石孝子先生、すばらしいメッセージ「解説」をお寄せくださった作家、詩人アナスタシア山崎佳代子先生、いつも校正、貴重なご助言により後援してくださるカッシヤ川又敦子さん、ヨベルの安田正人社長とスタッフの皆様、ごいっしょに仕事ができましたこと、深く御礼と感謝をいたします。

正教会に奉職して四十年。かけがえのない恩師、同信の友人、出会い、ごいっしょに仕事などで親交を結んだ数多くの皆様、そしていまこの本を手にしている皆様へ、これらの物語をクリスマスのプレゼントとして贈ります。わたしにとっては皆様との交友と絆が、いつも支えであり、勇気、励まし、クリスマスのプレゼントになっています。クリスマスには、わかくして純粋な　のびゆく心を　永遠へとみちびくエネルギーがあると　信じています。

わたしたちの愛する娘アナスタシアわかなにこの本を贈ります。

二〇二一年八月一四日（一日）　京都

尊貴なる生命をほどこす聖なる十字架の出行の祭日

パウェル　及川　信

著者・解説者・画家　略歴

パウェル及川信（おいかわ　しん）

1959年岩手県生。北海道立釧路湖陵高等学校、東京正教神学院、愛知大学卒業。日本ハリストス正教会教団　東京、名古屋、鹿児島、人吉をへて現在　京都正教会。長司祭。正教神学院講師。

著書『ロシア正教会と聖セラフィム』『馬飼聖者』『オーソドックスとカトリック』（サンパウロ）、『神父になったサムライ』『聖書人物伝』（日本正教会　西日本主教区）『クリスマス小品集　みちびきの星』『イースター小品集　わたしが十字架になります』（以上ヨベル）、共著『日本正教史』（教文館）等。

アナスタシア山崎佳代子（やまざき　かよこ　詩人・翻訳家）

1956年、静岡市出身。北海道大学露文科卒業後、1979年、ユーゴスラビア政府奨学生としてサラエボ大学、リュブリャナ民族音楽研究所に留学、1981年よりベオグラード在住。

ベオグラード大学文学部教授。

著訳書　詩集『海に行ったらいい』（思潮社）等、エッセイ『ベオグラード日誌』（書肆山田）、『パンと野いちご』（勁草書房、宇治市紫式部文学賞受賞）等、翻訳　ダニロ・キシュ著『若き日の哀しみ』（東京創元社）等。

エウゲニア白石孝子（しらいし　たかこ　画家・イコン画家）

1948年北海道生。札幌南高等学校卒業、北海道教育大学特設美術課程を経て、慶応義塾大学文学部美学卒業。特美時代に札幌正教会司祭だった日比神父の勧めでイコンを書き始める。1977年初めてイコンの個展を開催、1985年セラミックイコンを発表する。1991年多摩大賞展にて奨励賞受賞（東京都多摩市所蔵）。1994年岡山県赤磐市にアトリエを移し、白石デザイン研究所専従の傍らイコンの制作、イコンワークショップ、個展などを開催。

イコン所蔵正教会：釧路、札幌、苫小牧、徳島、柳井原、圷、前橋、足利、鹿沼、人吉、京都、豊橋など。

クリスマス小品集　みちびきの星

2021年11月20日 初版発行
2024年11月20日 2版発行

著　者 —— 及川　信
発行者 —— 安田 正人
発行所 —— 株式会社ヨベル　YOBEL, Inc.

〒113-0033 東京都文京区本郷 4-1-1-5F
TEL03-3818-4851　FAX03-3818-4858
e-mail：info@yobel. co. jp

装幀 ——ロゴスデザイン：長尾 優
印刷 ——中央精版印刷株式会社

配給元 —— 日本キリスト教書販売株式会社（日キ販）
〒162 - 0814　東京都新宿区新小川町 9-1
振替 00130-3-60976　Tel 03-3260-5670

ISBN978-4-909871-58-9 C0016

運命《うんめい》の恋人《ひと》に出会《であ》うとき　ひとは　生《う》まれ変《か》わる

史上最大《しじょうさいだい》のキリスト教迫害者《きょうはくがいしゃ》

ローマ皇帝《こうてい》ディオクレティアヌスの

目《め》のまえに起《お》こる　奇蹟《きせき》

『道化師《どうけし》の恋《こい》』

及川　信　　イースター小品集 2

1　光《ひかり》の風《かぜ》

2　ともだちはライオン

3　ひつじ飼《か》い

4　ドラゴン退治《たいじ》

5　道化師の恋

6　かたぐるま

7　おしりのお医者《いしゃ》さん

8　クマのすむ森《もり》

静《しず》かな余韻《よいん》のしみわたる　珠玉の掌篇《しゅぎょくしょうへん》

つぎの作品集を　たのしみに　お待《ま》ちください

『クリスマス小品集　みちびきの星』

すてきな朗読をきいてみませんか

1　イエスをたすけたクモ　　12分38秒

2　乳香の木　　　　　　　　13分31秒

3　みちびきの星　　15分03秒

朗読者　**西村　英子**（にしむら　えいこ）

略歴
1956年　岡山県生まれ
1976年　岡山放送（OHK）にアナウンサーとして入社
情報番組、報道ニュースキャスター、特番他を担当。その後、制作、事業、スポーツ、編成、コンテンツビジネス部署勤務
2016年　岡山放送を40年勤めて退社、その後、伝筆協会認定講師として活動開始。伝筆講師、筆文化を海外に発信、筆文字の個展など開催。
現在フリーアナウンサーの傍ら、
オリジナルの筆文字でさまざまの分野と企画及びコラボする等、上質な大人の学びと遊びを提案している。
資　格　フードアナリスト、箸教育講師
野菜ソムリエ、ラメアートインストラクター
録　音　（株）ＯＨＫエンタープライズ